LE PÈRE ET L'ENFANT SE PORTENT BIEN

www.editions-jclattes.fr

Pauline Dreyfus

LE PÈRE ET L'ENFANT SE PORTENT BIEN

Nouvelles

JC Lattès

À Michelle Podroznik

« Désormais, ce qui me reliait aux autres êtres humains a changé : je suis devenu le père de l'un d'entre eux. »

Pierre Péju, *Naissances*

« Suzanne est mon bonheur absolu, elle a été voulue et attendue. Plusieurs fois, j'ai voulu sauter par la fenêtre, mais je me disais : " Mais qui va faire le biberon ? " »

Lorette Nobécourt
Interview dans *Elle*

LE MONDE A CHANGÉ

« Puis elle raconte un plan qu'elle a vu dans un film : "C'est après un accouchement, la mère rentre avec son enfant en taxi, elle regarde la rue. On sent qu'elle regarde le monde autrement, c'est le monde où son enfant va vivre. Vingt fois, j'ai eu envie d'écrire là-dessus." »

Michèle Manceaux, *L'amie*
(à propos de Marguerite Duras)

« Vous n'avez jamais rien porté d'aussi précieux, hein ? » lui a lancé sœur Marie-Pauline quand il a soulevé le couffin, avec l'ironie émerveillée de celle qui a accompagné tant de naissances, sans jamais en trouver aucune banale. Il a fait quelques pas dans le couloir, a pris l'ascenseur, a franchi la porte de la maternité, s'est aventuré dans la rue et s'est approché de sa voiture avec une appréhension toute neuve. À quelques pas derrière lui, elle le suivait, fière en somme d'avoir engendré, en même temps qu'un enfant, un père de plus sur la Terre.

À peine dehors, il a entendu la rumeur de la ville comme jamais auparavant. Lui qui, tant de fois, sans même y prendre garde, avait klaxonné pour rappeler à l'urgence (mais quelle urgence, mon Dieu ? !) l'automobiliste en train de repeindre de rouge des lèvres dont sans doute quelqu'un aurait bientôt l'usage, lui qui avait repoussé d'un pied négligent tant de canettes de bière échouées sur le trottoir, lui qui avait si souvent interrompu la sonnerie de son téléphone portable d'un « allô ! » énergique, il trouvait soudain cette ville – la ville où allait grandir son enfant – incroyablement bruyante. Ce qui pour lui, du temps *d'avant*, du temps de la vie sans enfant, n'était que le tumulte rassurant du monde extérieur, était tout d'un coup devenu pire qu'une nuisance : la première des pollutions.

Le feu est passé au rouge. L'autobus qui le précédait s'est arrêté dans un grand gémissement de freins éreintés ; tout près, un camion déversait des fruits et des légumes dans un fracas sourd de caisses qui s'entrechoquaient contre les tréteaux. Les rues paraissaient n'être habitées que par des moteurs. Ses oreilles, saturées de bruit à force d'être désormais en alerte, sursautaient aux portes qui claquent, son esprit regimbait aux voitures qui ajoutent au raffut de la batterie celui, odieux, de l'autoradio geignant à travers les vitres baissées. La ville n'était plus qu'un vacarme sans fin.

Il aurait voulu leur dire, à tous ces fous, ces inconscients, que chut, elle dort, là, dans son couffin, jamais elle n'a subi autant de décibels… C'est sa première sortie et voilà ce que vous lui montrez : l'horreur sonore et incivile du monde moderne.

Et les odeurs ! Du fast-food de la place émanait un fumet d'huile trop cuite, du bar-tabac des effluves de nicotine et du caniveau, cette odeur âcre, reconnaissable entre toutes, celle que l'on retrouve parfois aux pieds des poubelles. « Cette ville pue », pensa-t-il, dégoûté et furieux.

En vérité, à ce moment précis, c'était lui le plus agressé des deux

Il cala le couffin sur la banquette arrière, enjoignit sa femme de s'asseoir à côté – « On ne sait jamais, s'il y avait un coup de frein brusque » –, démarra pour s'engager dans les rues si familières pour retrouver l'appartement qui l'était plus encore. Comme les jeunes étaient sales aujourd'hui, les vieux fatigués, les gens sans considération ni bienveillance pour son nouveau-né ! Les visages fermés, pas hostiles mais pire : indifférents des anonymes pressés se rendant à leur bureau sous l'urgence de l'heure l'accablèrent. Pour la première fois de sa vie, il trouvait le monde laid.

Cette ville où il n'avait pas choisi de vivre, en somme, mais où il avait trouvé un travail, cette ville où il n'avait pas grandi mais vieilli, sans jamais s'interroger sur la nécessité profonde qu'il avait d'elle, cette ville grise, bruyante et célèbre conviendrait-elle à son enfant ? Était-ce ici que pourraient naître des souvenirs d'enfance enchantés, de ceux qui sont un viatique pour toute l'existence, de ceux où l'on puise réconfort et espérance quand tout vous abandonne ?

Or il se passait un phénomène étrange : tout à coup cette ville avait changé jusque dans ses proportions. Le ciel s'était comme élargi, les immeubles lui paraissaient devenus gratte-ciel, et même la lumière avait gagné en intensité. C'est qu'il ajustait désormais son regard à l'aune de sa toute-petite. Et dans ce décor qu'il avait l'impression de voir pour la première fois, il lui prenait des nostalgies de parfums d'enfance, de couchers de soleil dans les hautes herbes, de lilas et de glycines embaumant une treille, de chants d'oiseaux au petit matin : c'était cela, et pas le béton malodorant, qu'il aurait voulu offrir à sa fille. Quand il songeait à sa propre enfance, il se disait que ses meilleurs souvenirs étaient ceux des vacances passées à l'ombre des immenses marronniers, dans la maison de campagne de ses grands-parents ; chaque fois, le retour à la ville était un périple qu'il redoutait. Enfant, il ne comprenait pas le besoin qu'avaient les grandes personnes de la ville, de ses lumières, de ses trépidations. Lui aurait préféré ne jamais quitter ce paradis où l'on voyait passer les saisons, où l'on respirait des odeurs inconnues des citadins. De quelle accablante malédiction était-il la victime pour infliger aujourd'hui à son enfant ce qu'il avait détesté autrefois ?

La nouvelle mère se taisait, occupée entièrement à guetter le moindre remuement ; le premier signe d'intranquillité, scrutant les possibles désordres sur le minuscule visage. Et puis elle avait en tête des problèmes pratiques à régler dès le retour à la maison. Elle ne savait plus si elle avait fait des provisions suffisantes de couches, de coton, de serviettes – et cela la tracassait, emplissait toutes ses pensées. Il viendrait plus tard pour elle, le temps de constater combien, par la seule grâce de cette naissance, le monde avait changé.

L'équipage arrivait au coin de sa rue. L'échafaudage, qui habillait le Monoprix depuis des mois, parut hideux au jeune père à force de saleté ; le café où on lui donnait son paquet de cigarettes sans même qu'il ait besoin d'en énoncer la marque, un repaire au mieux d'alcooliques désœuvrés, au pire de kidnappeurs d'enfants guettant une rançon possible. Ces adolescents attablés sur le trottoir, avec leurs rires bruyants et leurs cheveux trop longs, se pourrait-il que son enfant leur ressemble un jour ? C'est drôle comme soudain son quartier ne lui inspire plus la même sympathie. Tout est pareil, et en même temps tout est différent.

Au kiosque, la une des journaux annonçait encore un de ces sordides faits divers qui mettent fin à l'innocence en même temps qu'à la vie d'un bambin. Lui qui croyait n'avoir peur de rien découvrit en une seconde que le monde où son enfant venait de naître était dangereux. C'est bien beau de donner la vie, se disait-il ; mais comment éviter toutes ces morts qui guettent mon enfant ? Un instant ses jambes flageolèrent : il se sentait complètement désemparé face à l'étendue des dangers qu'il entrevoyait.

Oui, aujourd'hui, pour la première fois, le monde l'inquiétait : ses dangers, ses pièges, ses menaces réelles ou imaginaires l'accompagnèrent en un cortège affolant jusqu'au quatrième étage où, enfin, il put installer le bébé dans la chambre préparée avec ferveur depuis neuf mois. Là, c'était le paradis de l'enfance recréé pour la petite à naître, à force d'images d'Épinal, de photos de voiliers (« Comme ça, elle aimera forcément la mer »), de tissus clairs et de meubles blancs. L'enfance revisitée par des parents qui en conservaient quelques bons souvenirs et pas mal de mauvais, mais qui avaient par-dessus tout le regret d'avoir été des enfants et de ne l'être plus. Albert Cohen avait prononcé une phrase magnifique sur cette nostalgie-là – mais putain de bordel de merde, qu'est-ce que c'est que cette sirène d'ambulance qui hurle sous nos fenêtres au point de faire trembler les vitres ? Vous allez la réveiller, à la fin…

Ce qu'on ne leur avait pas épargné de laideur et de médiocrité, ils avaient tous deux le tenace désir d'en préserver leur enfant. Mais dès ce premier jour, ils comprenaient que le combat serait rude face à l'agressivité d'un monde qui s'imposerait, en dépit de toutes leurs réticences, à leur petite fille.

« Être mère, c'est un rôle, être père, c'est des responsabilités », l'avait prévenu un de ses amis, qui estimait que l'existence de ses cinq enfants lui conférait une grande autorité sur le sujet. Et c'était vrai, il se sentait maintenant responsable du monde où allait vivre le sien, sans pouvoir le façonner selon ses désirs. Vertigineuse impuissance ! Il aurait au fond voulu retrouver dans son quartier, dans sa rue, dans son appartement même, l'atmosphère ouatée de la maternité où seuls les coups de cloche annonçant une naissance parsemaient le silence d'une musique joyeuse et séculaire.

Ainsi allaient ses pensées, oscillant entre l'allégresse et l'anxiété, la jubilation et la révolte – états d'âme changeants comme ce ciel d'avril qui avait vu naître son premier enfant.

Le bébé, curieusement, ne semblait pas dérangé par le vacarme de la rue et dormait à poings fermés. C'est ainsi qu'elle doit se protéger du bruit, pensa le père, comme lorsqu'à la clinique, les visites qui se succédaient sans relâche se déroulaient autour d'un berceau silencieux, mais que, dès le soir venu et la solitude retrouvée, l'enfant explosait de colère, manifestant ainsi l'épuisement causé par des voix qu'elle avait tout de même perçues. Il en voulut par avance à tous ces inconnus dont le côtoiement au cours de cette matinée serait responsable des pleurs de la soirée. Il était surtout furieux contre tous ceux qui avaient précipité l'initiation de ce cerveau vierge et de cœur pur à la vaine agitation du monde.

On lui avait bien dit à quels bouleversements s'attendre avec cette naissance : que, d'un seul coup, elle et lui ne formeraient plus un couple mais une famille ; qu'il lui faudrait apprendre à connaître la mère en celle qui n'était jusque-là qu'une amante ; et aussi que l'arrivée d'un enfant représente un séisme domestique. Mais de ce chambardement intime-là, nul ne lui avait fait le récit ; et il ouvrait les yeux, en ce matin de printemps, sur un monde avec lequel il ne se sentait plus aucune connivence. J'ai un enfant, se dit-il, et le monde a changé.

Son regard neuf sur sa ville, sur sa rue, sur sa maison, n'est rien d'autre que celui de son enfant qui le découvre pour la première fois. Dans cette empathie involontaire avec son nouveau-né, il y avait les prémices de tout l'amour qu'il lui donnerait mais ça, il ne le savait pas. La seule chose qu'il comprenait, c'est qu'il aimait encore davantage sa fille d'être si neuve. Plus tard, il se remémorerait ce trajet avec infiniment de tendresse, parce qu'il marquait le début de leur histoire commune. Ils en feraient beaucoup d'autres des voyages ensemble, mais celui-là aurait pour toujours un parfum incomparable.

Bien sûr qu'il manquait des produits pour le bébé, et sa femme, paniquée par l'absence des rassurantes blouses blanches, lui demanda au bord des larmes de courir les chercher à la pharmacie. Tandis qu'il descendait l'escalier, il poursuivait sa rêverie attendrie, se faisant des serments intérieurs, promettant à son enfant une vigilance paternelle qui ne ferait jamais défaut – c'est juré, mon trésor, toujours je te protégerai –, rassemblant en lui des forces inconnues pour accompagner sa petite fille dans l'apprentissage de vivre. Maintenant, il se sentait capable de tous les courages pour elle.

Comme il allait sortir de l'immeuble, il tomba nez à nez avec la gardienne. Il la regarda avec une sympathie nouvelle : elle était mère d'une famille nombreuse. Mais il ne lut aucune connivence dans ses yeux ; au contraire, elle lui renvoya un regard plein de pitié et lui dit :

— Mon pauvre monsieur, vous avez l'air tout chamboulé... C'est l'arrivée de votre bébé qui vous fait cet effet-là ? Ne vous en faites pas, vous verrez, on s'habitue à tout... Et puis dites-vous que vous êtes dans la meilleure période : l'âge où ces petites bêtes-là, ça ne fait rien d'autre que boire et dormir. Après, il y a les devoirs à surveiller, les punitions, les petits copains qui leur font faire des bêtises, et tout le toutim... Et encore, je ne vous dis pas tout ! Vous le découvrirez bien assez tôt par vous-même... Oui, je vous assure, profitez de ce que votre fille est encore bébé...

Ces phrases-là, à ce moment-là, c'était moche.

Il en voulut longtemps à la gardienne de ces paroles chagrines qui avaient terni cette journée particulière.

Quand le Noël suivant, pour la première fois en dix ans, Perpetua ne reçut pas d'étrennes de la part des locataires du quatrième, elle pensa que c'était la faute à ce fichu bébé. En un sens, c'était vrai. Et elle disait, indignée, à qui voulait l'entendre :

— Ils sont curieux, les jeunes d'aujourd'hui... Moi qui en ai eu cinq, des enfants, je n'en ai pas fait tout un plat !

UN MOIS DURE VINGT-HUIT JOURS

« Ces faims subites du toucher, ces attendrissements nerveux au contact d'un animal suave, je sais bien que c'est la force amoureuse inutilisée qui déborde et je crois que personne ne le ressent aussi profondément qu'une vieille fille ou une femme sans enfant. »

Colette, *L'Entrave*

Ce matin, au réveil, dans l'appartement déjà déserté par son mari, Esther s'est mise nue devant la glace. Et ce qu'elle y a vu ne lui a pas plu. Elle a longuement contemplé ce corps qui est le sien. Elle l'a examiné sans indulgence. Surtout le ventre et les hanches, qui lui font horreur. Aujourd'hui, Esther n'aime plus son corps. Elle ne lui pardonne pas d'être incapable de faire ce qu'elle exige de lui.

Cela fait presque quinze ans qu'Esther est mariée à James. Pour lui, elle éprouve souvent de la tendresse, parfois de la compassion, mais en tout cas plus aucun amour : cela fait longtemps qu'il n'est plus la première de ses préoccupations. Elle n'a rien à lui reprocher, oh non, jamais il n'a oublié un anniversaire de mariage, rarement elle l'a supporté de mauvaise humeur le matin, toujours il l'a soutenue, encouragée, consolée – oui mais voilà, ce n'est pas de lui qu'elle rêve la nuit, ce n'est pas à lui qu'est destinée sa première pensée au réveil, ce n'est pas sur sa figure à lui que le soir, épuisés, ses yeux se closent.

Esther, comme chaque matin, se remémore consciencieusement la liste de tâches qu'il faudra accomplir avant la fin de la journée. Il n'y aura pas grand-chose aujourd'hui, à part cette course à faire chez le quincaillier. Elle jette un coup d'œil sur son agenda. Tiens, c'est idiot, elle a oublié d'annuler son rendez-vous chez le coiffeur. Pourtant, elle est sûre qu'elle n'ira pas le voir : refaire une couleur défraîchie un jour comme aujourd'hui, ce serait absurde.

Au début de leur mariage, Esther a pensé qu'à vingt-huit ans, il n'était pas urgent de mettre en route un enfant ; James, peu pressé de découvrir les nuits blanches et les mystères de la couche-culotte, ni de partager sa femme avec un bébé, n'avait pas insisté ; et le patron d'Esther, un avocat un peu misogyne, avait confirmé que le procès des terroristes irlandais était sa priorité, donc celle de sa nouvelle recrue. C'était pour Esther et James le temps de l'insouciance, celui des virées impromptues au bord de la mer, celui des départs sur un coup de tête pour Venise ou pour Rome. Ils étaient amoureux l'un de l'autre, et si épris de leur liberté qu'ils reculaient le plus possible l'heure de l'aliéner au profit d'un enfant. Il viendrait bien assez tôt, le jour où il faudrait annuler une sortie faute de baby-sitter…

Esther est sortie de chez elle. Il fait beau aujourd'hui. Un temps qui donne envie d'emmener des enfants jouer dans un parc, manger des glaces, faire un tour de manège. Un temps pour étrenner une robe neuve et donner la main à un petit garçon en culottes courtes et chemise blanche. Voilà à quoi pense Esther sous ce grand ciel bleu du mois de mai.

Trois ans plus tard, c'est moins le désir d'enfant qu'une vague mise en garde de son gynécologue qui l'avait poussée à mettre un terme à des années de contraception. Elle se mit à attendre, curieuse, les signes que lui enverrait son corps pour lui faire savoir qu'il avait entendu ses injonctions. Les mois passèrent, emplis de dures journées de labeur, de voyages, de dîners avec des amis. Mais d'enfant, point. Toujours, le flux revenait – elle reconnaissait les symptômes avant même que la première goutte sombre n'arrive. D'abord, ce fut une rage de ne pas réussir ce qu'elle avait entrepris ; une incompréhension furieuse de ce corps qui refusait de lui obéir. Il se pliait à ses régimes amaigrissants mais se refusait obstinément à accueillir sa progéniture. Le médecin avait prescrit des prises de sang, des tests en tous genres : il n'y avait pas d'explication. Il n'y eut même pas de fausse couche, ce début d'espoir. Avec James, elle ne faisait plus l'amour de la même manière : elle comptait les jours. Pour la première fois, au mois de décembre, elle s'était surprise à haïr sa secrétaire qui rentrait du déjeuner les bras chargés de paquets volumineux destinés à son fils. Esther avait pensé : à quoi bon fêter Noël s'il n'y a pas d'enfant au pied du sapin pour ouvrir les cadeaux ?

« C'est fou ce qu'il y a comme poussettes dans cette rue ! » songe Esther pour la millième fois. Dans son regard, pas de sympathie pour ces mères qui promènent leur enfant, seulement une immense jalousie. Esther ne voit pas qu'elles peinent à pousser leur attelage, ne soupçonne pas que ces femmes donneraient cher pour aller librement dans les rues, s'attarder devant les vitrines, ne pas avoir à abréger une promenade parce que c'est l'heure du biberon et que, dans un instant, l'enfant va se mettre à hurler. Esther ne voit que les bébés joufflus, symboles de la fécondité de ces inconnues. Au coin de la rue, le brouhaha familier qui s'échappe de la cour de récréation vient gonfler son désespoir. Des enfants, partout des enfants ! Il lui faut pourtant passer par là pour aller chez le quincaillier.

Esther réussissait brillamment dans un cabinet d'avocats. À elle, les affaires les plus intéressantes, à elle, les spectaculaires acquittements. Parfois, on évoquait son nom à la télévision. Elle ne se vantait jamais de sa réussite, mais il lui arrivait de lire dans le regard de certains hommes de quelle séduction la paraient ces succès professionnels.

Pourtant cette histoire d'enfant commençait à la tracasser. Faute d'explication médicale, on tenta les raisons psychosomatiques : « Tu es trop stressée par ta carrière », lui disait sa mère, qui n'avait jamais travaillé de sa vie et avait consacré son existence à élever sa fille, « tu n'as pas la sérénité nécessaire pour faire pousser un enfant en toi ». Esther adorait cette mère à la fois indulgente et douce, qui l'aimait sans restriction. Pour la première fois, elle s'était dit que ce métier passionnant pouvait aussi lui nuire. Sur les conseils de son médecin, elle était partie trois semaines en vacances sous les tropiques avec son mari pour tenter de favoriser l'arrivée d'un bébé. Au retour, elle n'était toujours pas enceinte.

Elle ne sait pas encore ce qu'elle trouvera comme prétexte pour justifier son achat et obtenir du quincaillier ce qu'elle est venue chercher ; peut-être lui dira-t-elle, bientôt nous partons en vacances, il va falloir fixer toutes ces valises sur le toit de la voiture, il m'en faut une qui soit solide et souple à la fois. Et surtout, qu'elle ne risque pas de se rompre, s'il vous plaît, c'est important. Ou alors elle prendra l'air de la cliente décidée, celle qui n'a pas besoin d'expliquer ce à quoi elle emploie les choses, celle dont l'autorité naturelle fait pressentir au vendeur tout le mauvais goût qu'il y aurait à l'interroger sur ses motifs, celle qui achète un point c'est tout.

Comme c'est difficile, de reconstituer le cheminement d'une désespérance ! À quel moment l'idée était-elle devenue fixe, à quelle époque de sa vie le projet devint-il obsession ? Quand Esther commença-t-elle à trouver les satisfactions que lui procurait son travail dérisoires par rapport aux joies que lui aurait apportées un enfant ? Nul ne le sait, pas même elle. Mais un jour, surprenant par hasard des amis qui parlaient d'elle en disant « Esther a réussi », elle trouva cette expression, comme leur admiration, idiotes. Réussi quoi ? À payer plus d'impôts que toutes ses amies, certainement. Et après ?

Ce n'était pas qu'Esther se fût jamais ennuyée au bureau, ni qu'elle n'aimât point ses journées, au contraire, elles étaient toutes palpitantes. Esther faisait partie des rares personnes pour qui le travail est davantage un plaisir qu'une contrainte. Mais il manquait toujours quelque chose à ces journées – quelque chose qui leur aurait donné un sens, quelque chose vers quoi tendre depuis le premier rendez-vous du matin jusqu'à la dernière réunion du soir, quelque chose qui justifie sa renommée et les honoraires astronomiques qui allaient avec.

À trente-cinq ans, quand elle se vit proposer de devenir associée dans son cabinet d'avocats, elle refusa sans regret, en expliquant qu'elle voulait se consacrer à sa famille – motif bien connu des directeurs des ressources humaines, sauf que la sienne n'existait pour le moment que sous la forme d'une envie.

La même année, son médecin lui avait dit : nous allons passer à des choses plus sérieuses, madame, il existe de nos jours des traitements formidables qui viennent à bout des cas les plus difficiles. Esther le savait, elle avait déjà tout lu sur la question et avait acquis une vraie forme d'expertise sur ces pratiques à initiales : PMA, FIV, et autres progrès dans la lutte contre la stérilité. Ce que recelaient d'impudeur et de vraie souffrance physique ces nouvelles méthodes, c'est James qui en pâtit le plus. Car elle n'avait plus peur de rien : le désir d'enfant, enfin arrivé, lui faisait tout endurer.

Il était venu, dans une bouffée brusque, à la fois narcissique et tendre, un jour que son amie Joséphine baptisait son second enfant. Là, quand elle avait vu le bébé minuscule réfugié contre la poitrine de sa mère, la marmaille bruyante des plus grands courant dans le jardin, elle s'était sentie, à son tour, l'envie de posséder un tout petit être. Et puis Joséphine lui avait parlé de cette impression étrange, ressentie dès son premier bébé : le sentiment, en touchant la peau de son enfant, de toucher la sienne propre – « la chair de ma chair, ce n'est pas qu'une métaphore », avait conclu l'amie dans un sourire ravi. Esther avait répondu par une pauvre grimace qui se voulait un acquiescement, sentant bien que tant qu'elle n'aurait pas enfanté, quelque chose d'essentiel lui échapperait. De retour à la maison, elle avait pleuré sans retenue.

Ça s'est passé mieux que prévu. Le quincaillier a tout de suite dit : j'ai ce qu'il vous faut. Il la lui a montrée. C'est bien la première fois qu'Esther n'est pas soulagée d'avoir trouvé du premier coup ce qu'elle était venue chercher. Elle l'a pliée et rangée dans son sac. Elle a regardé avec tendresse le vieux commerçant, qu'elle connaît depuis plus de dix ans maintenant. L'autre jour, il lui a annoncé qu'il céderait son fonds de commerce l'an prochain : c'est qu'il veut prendre sa retraite pour s'occuper davantage de ses petits-enfants. Elle s'est forcée à sourire à la caissière qui lui rendait sa monnaie.

Lorsqu'un soir, exaspéré d'avoir dû, une fois encore, se livrer à des gestes qui selon lui, auraient toujours dû se dérouler dans l'intimité et être maquillés de paroles d'amour, James lui parla d'adoption, elle refusa avec colère. Il n'avait donc rien compris ! Ce qu'elle voulait, c'était concevoir. Elle voulait, *elle aussi*, sentir son ventre se remplir de cette autre vie, imaginer son enfant pendant des mois, et puis ensuite scruter sur un visage de nourrisson encore tout fripé les ressemblances avec tel ou telle. Elle voulait ployer sous le poids de cet enfant encore à naître, au point qu'il finirait par déstabiliser sa démarche et lui donner un air perpétuellement las – en un mot l'avoir fabriqué, avec chacun de ses repas, chacun de ses dialogues secrets avec le fœtus, chacune de ses caresses à son ventre arrondi qui seraient comme un acompte sur toute la tendresse qu'elle lui donnerait une fois né. C'était une vision assez romancée de la grossesse en somme, à laquelle manquaient nausées, malaises, douleurs et autres triviales aspérités de la gestation. Mais telle était l'idée qu'Esther s'en était faite ; plus ses tentatives échouaient, plus elle idéalisait l'état de femme enceinte.

Elle voulait vivre ces mois entre parenthèses où toute l'énergie de la femme est consacrée à la création d'un être humain, comme son amie Aude qui lui avait confié que, pour chacune de ses trois grossesses, ça avait été la même chose : dès la première minute où elle savait l'enfant présent dans ses entrailles, elle ne faisait plus rien pendant neuf mois que rêver à son futur bébé ; et Aude n'aimait rien tant que cet « état de projection », comme elle disait, qui la rendait autre, lointaine, absente – mais jamais seule – au fur et à mesure que son ventre prenait de l'ampleur. Et puis Esther, qui travaillait tant, voulait connaître les délices de ce temps singulier où aucune journée n'est perdue, puisque la plus paresseuse d'entre elles a quand même servi à perfectionner le petit fœtus. Car les femmes parlent volontiers de cette grande aventure qu'est l'enfantement, en des conversations qui, signant leur appartenance à un genre, tissent entre elles le plus solide des liens.

En excluant l'adoption, peut-être Esther s'était-elle privée d'une possibilité de déclencher en elle un mécanisme maternel : ils étaient nombreux, les récits de ces maternités miraculeuses dans lesquels des femmes se croyaient stériles jusqu'au jour où, ayant accueilli un enfant dans leur foyer, elles se retrouvaient soudain enceintes après des années de vains efforts – comme si le seul fait de devenir responsable d'un tout-petit créait en elles cette mystérieuse alchimie hormonale qui rend possible la fécondation.

Évidemment, elle ne le saura jamais.

Seul James savait ce que le désir d'enfant d'Esther avait d'ambigu. L'idée l'avait parfois effleuré que sa femme désirait moins être mère qu'être enceinte ; et qu'elle avait moins envie d'un enfant que d'une grossesse, cette expérience inconnue. Si elle avait un réel amour maternel à assouvir, se disait-il, elle aurait accepté d'adopter un enfant. James n'osa jamais en parler à Esther, mais il lui arriva de penser que sa femme était la victime d'une forme de pression sociale : à force de voir toutes ses amies tomber enceintes, elle voulait faire comme elles.

Et c'était vrai : lorsque Esther croisait une femme enceinte dans la rue, elle était comme un enfant devant les vitrines de Noël – émerveillée mais aussi suffoquée de désirs inassouvis. D'ailleurs, elle en voyait partout, obsédée qu'elle était par ces profils alourdis, devinant les ventres rebondis à plusieurs mètres. Elle les repérait toutes, les femmes enceintes, même les plus neuves, celles qui avaient encore quatre ou cinq mois devant elles avant l'enfantement, celles que trahissait un simple bouton de veste tendu au-dessus du nombril, juste une légère proéminence qui dit de quoi leur avenir sera fait. Elle les repérait toutes – et elle les enviait.

Elle avait lu quelque part que, pour les Chinois, la vie d'un être humain commence dès la conception, en sorte que l'âge des enfants était calculé à partir de cette date, et non à partir du jour de l'accouchement ; et elle qui n'en avait jamais eu, d'enfant, sentait bien la grande justesse de ce raisonnement, imaginant des conversations muettes avec l'enfant encore blotti au creux de ses entrailles, des menus qu'elle se prévoirait en pensant à la croissance du fœtus ou encore des séjours à la campagne pour la future mère, afin qu'à travers elle il respire un air plus pur et qu'il entende un silence plus heureux.

S'infligeant une souffrance supplémentaire, elle n'avait pu résister à la tentation d'acheter le célèbre manuel de Laurence Pernoud, ce *J'attends un enfant* qui a guidé tant de futures mères, et elle relisait, jusqu'à le connaître par cœur, le chapitre intitulé « Comment le corps devient maternel ». À lui seul, ce titre la blessait, la confortant dans le sentiment de sa propre infirmité.

En sortant de la boutique, Esther n'est pas très pressée de rentrer chez elle. Elle flâne dans les rues de son quartier, pour gagner un peu de temps. Elle constate à nouveau qu'on ne peut pas faire trois pas dans une ville sans tomber sur un bébé. Ils sont partout, même sur les murs. Au coin de sa rue, il y a une publicité pour un monospace, et c'est un bébé qui conduit la voiture. Elle se dit aussi que personne ne comprendra son geste. Ses amis plaindront James, sans mesurer que c'était elle qui, à l'aune du désespoir, avait eu la plus grande part. Elle se doute que personne n'essaiera de refaire son chemin de croix ; pourtant, il lui semble que les tragédies intimes méritent mieux qu'un rapport d'autopsie.

Ce qu'elle redoutait par-dessus tout, c'était ces amies imprégnées de Dieu sait quelle culture psychanalytique qui lui expliquaient le plus sérieusement du monde que c'était parce qu'elle était si proche de sa mère qu'elle ne pouvait enfanter ; que si l'enfant tardait à venir, c'était parce qu'Esther n'était pas prête à l'accueillir ; qu'il faut en somme cesser d'être la fille de quelqu'un pour devenir parent à son tour. Jusqu'à sa propre secrétaire qui avait lu une interview de Madonna dans un magazine et n'avait pas manqué de la lui résumer. La chanteuse y expliquait qu'elle adhérait aux conceptions bouddhistes de la procréation : il y a dans le ciel de petites âmes qui se promènent, celles de tous les enfants à naître, et ce sont elles qui vous choisissent. Ce n'est donc pas la mère mais l'enfant qui décide du moment où il arrivera. En sorte que si aucun enfant ne se présentait, c'est qu'aucun n'avait *désiré* naître en elle. En un mot, disaient ces cruelles, tu souhaites sans doute un enfant, mais aucun ne veut de toi. Terrible suspicion ! Cela signifiait donc que tout était de sa faute et qu'elle faisait partie de ces mystérieux cas de « stérilité psychologique ». Cette explication lui paraissait à la fois poétique et fausse, car, à l'inverse, elle en avait connu, de ces femmes qui mettent au monde sans difficulté des enfants qu'elles n'ont ensuite ni la patience ni le goût d'élever.

Mais le pire, c'était les déjeuners du dimanche chez ses parents ou chez ceux de James. Dans leurs regards désolés, elle lisait l'arbre généalogique en cul-de-sac, le renoncement lentement venu à l'espoir de petits-enfants qui saliraient les parquets les jours de pluie et supplieraient qu'on leur relise le soir des histoires qu'ils connaissent déjà par cœur. Cela faisait longtemps maintenant que sa belle-mère ne lui tendait plus une troisième assiette de dessert en lui glissant discrètement : « Les bébés ne s'accrochent pas dans les corps trop maigres… »

Esther rentrait de ces dimanches en famille le cœur navré et coupable. Car les médecins avaient été formels : le problème ne venait pas de lui mais d'elle, de son corps à elle, qui se refusait pour une raison inconnue à accueillir une autre vue.

Ses amies n'osaient plus lui annoncer leurs futures grossesses, par crainte de remuer le fer dans cette plaie si manifestement béante. Elles le faisaient quand il n'était plus possible de dissimuler ce ventre rond où l'enfant prenait chaque jour davantage de place, et Esther prenait un air détaché pour demander : « Le bébé est pour quand ? », mais la vérité est que cette nouvelle la blessait comme si elle avait constitué pour elle un échec personnel. Elle était malheureuse. « Je suis tombée enceinte en juin… » répondait l'amie, et Esther était chaque fois frappée par l'absurdité de cette expression, comme s'il s'agissait d'un catastrophe – tomber enceinte comme on tombe de Charybde en Scylla. Le cœur en berne, elle détestait un court moment l'amie de tant de désinvolture. Elle n'avait même plus le courage d'interroger la future mère sur les prénoms auxquels elle songeait, ayant tant de fois rêvé à ceux qu'elle-même aurait donnés à sa propre progéniture.

Esther a rapporté son précieux paquet au domicile conjugal. Le livre sur les nœuds, souvenir d'une semaine de bateau, est rangé depuis plusieurs jours dans le tiroir de sa table de nuit, caché sous d'autres lectures moins suspectes. Elle examine de nouveau le mode d'emploi du nœud coulant. Ça n'a pas l'air si compliqué que ça.

Esther se sentait séparée de James par un mur d'incompréhension. Cette nécessité physique, charnelle, qu'elle avait de procréer, il ne pouvait la partager. Sa peine à lui était d'un autre ordre : il pensait à ses vieux jours désoeuvrés, à cette vie commune pesante avec son épouse sans la préoccupation des enfants, et ensuite des petits-enfants, pour la meubler. Il songeait qu'il aurait pas de fils à qui donner ses vieux chandails, apprendre à se raser et enjoindre de se méfier des femmes. Il regrettait la fille pour laquelle il aurait redouté le charme du premier voyou venu et dont il aurait embaumé de paroles de miel la première peine de cœur. Peu à peu, il avait fait le deuil des enfants qu'il n'aurait jamais.

Leurs étreintes se firent plus rares. Esther n'aimait plus assez son mari pour le supporter sans enfant. Leur tête-à-tête à perpétuité lui parut invivable, il aurait fallu les pleurs d'un bébé pour que la joie revienne dans leur maison. Maintenant – et c'était ça, le pire – son désir d'enfant était devenu indépendant de James. Elle voulait concevoir un enfant à tout prix, peu importe comment, peu importe avec qui. Le jour où il n'y eut plus en elle cette idée qu'un enfant était l'aboutissement, ou la concrétisation, comme on voudra, d'un amour, elle fut perdue. Car de ce jour, elle n'eut plus le secours de l'amour voué à autrui pour adoucir sa peine.

L'année dernière, elle avait démissionné. Même sans promotion, sans volonté de réussir une brillante carrière, son travail l'occupait, la fatiguait, la distrayait de son objectif essentiel : se reproduire. Mais cette ultime solution n'avait servi à rien.

C'est pendant cette année-là qu'elle s'était mise à regarder son corps autrement, à le trouver inutile ; encombrant même. Comme on songe à licencier un employé qui n'a pas atteint ses objectifs de rentabilité, elle conçut le projet d'en finir avec lui. Elle le haïssait d'être infertile. Avoir un enfant avait été sa raison d'être, ce serait sa raison de mourir.

Et puis un jour – c'était hier – elle a eu quarante-trois ans. Elle savait bien que cet anniversaire lui fermait définitivement la porte de nouvelles tentatives, qu'aucun médecin ne prendrait le risque de faire démarrer une grossesse difficile, ou de faire naître un enfant anormal. En soufflant les bougies plantées par son mari sur un gros gâteau au chocolat, elle a eu l'impression qu'elle rendait le dernier soupir.

Alors elle a utilisé la corde.

ENCORE UN ENFANT

« J'ai senti cela, souvent, avec mon mari, mais aussi bien avec des inconnus : que j'étais désirée au-delà de moi-même, mise en perspective. Et vous voyez, à mon avis, si les hommes quittent leur femme pour une femme plus jeune, ce n'est pas parce qu'elles ont les seins qui tombent ou les fesses comme ci ou comme ça – non. Les hommes quittent leur femme parce qu'elles ne peuvent plus avoir d'enfant. »

Camille Laurens, *Dans ces bras-là*

Tout en moi, jusqu'à mon prénom, dit que je suis faite pour être mère : je m'appelle Espérance. Nos parents songent-ils à ce qu'ils font peser sur nous lorsqu'ils nous donnent ainsi un nom en forme de destin ?

Peu de temps après mon mariage avec Frédéric, j'ai eu ma première fille. Sitôt qu'elle fut née, j'ai eu l'obsession – comme beaucoup d'autres femmes, sans doute – qu'elle ne soit pas enfant unique. Trois ans plus tard, la fratrie avait pris forme : j'ai accouché d'une autre fille. Après cette seconde naissance, mon médecin m'a prévenue : votre prochain enfant sera le dernier, sinon, vous risquez d'y passer. Je n'ai rien retenu de ses explications, sinon qu'il s'agissait d'une sale histoire de rhésus, et que chaque nouvelle grossesse aggravait le problème.

Lorsque j'ai été enceinte une troisième fois, j'ai pensé : j'accepte tout, pourvu que ce soit un garçon ! Mon mari ne me l'avait pas dit nettement, mais je savais bien que ses origines aristocratiques s'accommodaient mal de l'absence d'un fils. Un garçon, ce n'était pas seulement une complicité particulière en perspective, avec ses engueulades franches et ses réconciliations sans effusions, comme une amitié un peu rugueuse en somme – tant de choses dont par avance il se faisait une joie profonde –, cela voulait aussi dire pour lui le nom qui durait, la poursuite de je ne sais quel rêve dynastique dont aucune révolution n'avait pu éteindre les feux. Les châteaux avaient été confisqués, la famille dénigrée par le régime communiste qui avait pris le pouvoir dans le pays d'où il venait, il avait même fallu travailler – mais la magie du nom qui perdure avait résisté et lui tenait lieu d'ambition ultime. Et je le comprenais d'autant mieux que moi-même je viens d'une famille où l'héritier mâle porte, depuis quinze générations, le même prénom : c'est dire si, chez les miens, la personne compte moins que la lignée dans laquelle elle s'enchâsse.

Ce fut un garçon. Pendant un an, toute à la fierté glorieuse d'avoir donné un fils à mon mari, et donc un petit-fils au père de mon mari, toute aux soins que requérait le bébé, je n'ai plus pensé au verdict de mon médecin. Et puis, quand mon enfant a commencé à marcher, quand il a cessé d'être horizontal pour devenir vertical, je suis devenue comme toutes les mères : j'ai eu la nostalgie de cette boule lovée dans mes bras qui ne me demandait que de l'amour et du lait – et j'ai commencé à rêver d'un autre bébé.

Je n'avais pas oublié l'interdiction sans appel de mon médecin ; mais c'est seulement à ce moment-là que j'ai mesuré de quoi il m'avait amputée. La vérité, c'est que, sans cette possibilité d'enfant, je me suis soudain sentie moins belle et moins utile – comme dépossédée de mes qualités. J'ai alors renié les serments intimes qui avaient présidé à la naissance de mon fils. Pour justifier ce manque étrange, le manque de ce qui n'existe pas mais qui pourrait être, je disais à Frédéric : « Encore un enfant… Je voudrais, encore une fois, voir ce que donne l'alchimie Frédéric plus Espérance – car du résultat, toujours différent, de ce mélange, ma curiosité ne sera jamais dissipée… » Mais en lui disant cela, je savais bien que je lui mentais un peu et que je me mentais aussi à moi-même : on me privait de bien plus que de cette découverte avortée.

Je lui ai dit aussi : « Après tout, un verdict aussi sévère mérite une contre-expertise » – je lui ai dit ça comme l'excellente femme d'intérieur que je suis, comme s'il s'agissait de comparer des devis avant de se lancer dans l'achat d'une nouvelle machine à laver. Il y avait d'autres gynécologues dans la ville de province que j'habitais, c'était décidé, j'irai les voir.

J'en ai vu quatre autres, des médecins, dans cette ville : tous m'ont confirmé le premier diagnostic. Voilà ce qu'ils me disaient : « Si vous avez un autre enfant, vous ne le verrez pas grandir. Mettre au monde un orphelin, est-ce bien raisonnable, madame ? » Chaque fois, je me suis allongée, j'ai écarté les jambes sans pudeur, dans l'espoir qu'on me donnerait l'autorisation d'enfanter à nouveau.

Laissez-moi vous dire le vrai du vrai : ce n'est pas que je l'aurais eu, cet enfant, la vie était déjà bien assez compliquée avec trois enfants, à l'arrivée du dernier il avait fallu changer de voiture et adopter cette fourgonnette qui est le lot commun des familles modernes, et puis les amis ne vous invitaient plus jamais en week-end, loger cinq personnes, il fallait au moins être châtelain, et puis après tout, nous l'avions eu, ce fils qui hériterait du nom, et puis, et puis, et puis… Elles sont tellement nombreuses, les raisons de ne pas avoir d'autre enfant ! Mais je voulais *qu'il fût possible*, cet enfant, qu'il fût comme suspendu au-dessus de notre couche chaque fois que nous faisions l'amour.

J'avais aimé par-dessus tout ces moments où nous avions décidé de « mettre en route » un autre enfant et où, chaque mois, Frédéric m'interrogeait avec une fébrilité joyeuse sur le retour de mon cycle – « Alors, tu es enceinte ? » –, ces jours où tout était possible, ces jours où l'enfant pouvait surgir à toute étreinte. Jamais je n'ai oublié ce moment magique de l'annonce, la lueur à nulle autre pareille qui est apparue dans l'œil de mon mari chaque fois que je lui ai appris une nouvelle grossesse : fierté de celui à qui est donnée la preuve irréfutable de sa virilité, orgueil de l'homme posant ses yeux sur un ventre encore plat, mais pour lui seul empli de promesses. Cela, après dix ans de mariage, je le sais : que mon mari m'aime pour moi et pour plus que moi, pour mes grands yeux bruns, pour mon visage qui a la finesse d'un Tanagra, et aussi pour cette faculté que j'ai de lui donner des enfants.

Chaque année, le jour de l'anniversaire de chacun d'entre eux, Frédéric offre non seulement un cadeau à celui ou celle qui prend une année de plus, mais aussi un cadeau à leur mère : jolie façon de me remercier de les avoir mis au monde. Je n'ai jamais si bien compris l'expression « donner des enfants à son mari » que ces jours-là.

On croit toujours que le désir d'enfant est exclusivement féminin ; c'est faux, les hommes aussi poursuivent un rêve de perpétuelle fécondité. Le mien comme tous les autres. Je sais que les hommes *aussi* ont envie d'un enfant, pas de celui qui salit ses couches et se réveille la nuit bien sûr, mais de celui qu'on va déclarer à la Mairie et dont on fête la naissance avec des copains un peu envieux. Que quelques gouttes d'un plaisir fugace puissent fabriquer des lutins si vivants et si tendres, il n'y a pas un homme qui ne s'en émerveille. Ça avait été encore plus vrai pour mon amie Diane qui, elle, avait déjà un fils d'un premier mariage. Si bien que son second mari avait tous les jours sous les yeux la preuve vivante que sa femme était fertile, donc que la lenteur mise par l'enfant à s'annoncer était de son fait à lui. Il finissait par détester ce bambin de sept ans qui n'était pas le sien, orgueilleux trophée de la fécondité d'un autre. Jusqu'à ce qu'elle soit enfin enceinte de lui, il l'a harcelée tous les mois, déçu à chaque fois qu'elle enterrait ses espoirs en saignant de nouveau.

La vérité, c'est que, ne pouvant plus être mère, je me sentais moins femme ; c'est ce que j'ai tenté d'expliquer aux médecins parisiens que je suis allée voir ensuite, car nous avions habité la capitale et j'y avais gardé des amies. Chacune m'avait donné le nom de tel grand professeur de médecine, tel gynécologue mondialement connu. Comment ne pas imaginer que l'un d'entre eux ne puisse pas m'autoriser enfin ce que les autre refusaient ? C'est que je ne me résignais pas à ne plus avoir d'enfant. Le premier docteur, non seulement confirma le cruel verdict, mais se crut en outre le droit de me faire des remontrances : « Comment, vous qui avez déjà trois beaux enfants, vous osez vous plaindre, réclamer davantage encore ? Songez, madame, que pour certaines femmes, il n'y aura même pas la possibilité de concevoir un seul enfant... Votre amie Esther, qui est une de mes patientes, est de ces malheureuses, vous le savez aussi bien que moi ! Pensez à elle au lieu de vous apitoyer sur votre sort... » J'en ai vu un autre, par défi, par bravade – mais le cœur n'y était plus. C'était comme dans ces soirées électorales où, avant même que tous les bulletins soient dépouillés, on a compris le résultat et que les vaincus pleurent déjà.

Chaque visite s'était donc soldée par une déconvenue. Je savais à présent que je ne pourrais plus avoir d'autre enfant ; mais tout en moi regimbait à accepter l'unanime verdict. Je crois que si un seul d'entre ces médecins m'avait dit « Allez-y, tombez enceinte, c'est sans risque », je serais rentrée chez moi sereine et n'aurais plus jamais pensé à mon prochain enfant. Mais là, ces refus réitérés transformaient peu à peu cet empêchement en obsession. Plus on me montrait l'obstacle, plus la rage me prenait de ne pouvoir le franchir.

J'aurais tant voulu qu'on me rende mon pouvoir d'enfantement ! J'aurais aimé caresser cette idée : que ma famille n'était pas dessinée une fois pour toutes, qu'il pouvait encore se passer quelque chose. Frédéric s'étonnait de cette obsession, parce qu'il savait bien que je n'aimais pas spécialement être enceinte, porter des enfants dans un corps si menu qu'il s'avère chaque fois trop étroit pour les en faire sortir autrement que par la violence des forceps. Combien de fois, pendant mes grossesses, m'avait-il entendue pester contre mes formes encombrantes, contre la privation de cigarettes, contre cet enfant qui me causait des nausées d'abord, des sciatiques ensuite ! Il y a des femmes qui ne se sentent jamais aussi belles que lorsqu'elles sont enceintes ; ce n'était pas mon cas. J'adore avoir des enfants, mais je ne me suis jamais complu dans cet état si étrange de la gestation. J'en voyais plutôt les désagréments, que je vivais comme un mal nécessaire.

Je tentais de faire comprendre à Frédéric que pouvoir une fois encore faire un enfant – ou plutôt *savoir* que je pourrais le faire – aurait illuminé ma vie. Je me heurtais à des moqueries. Il ne me comprenait pas. Il ne savait même pas me consoler. Il me disait par exemple : « Ce n'est pas grave, Espérance, nous avons tout ce qu'il nous faut pour être heureux. » Il avait un fatalisme désuet qui, en toutes circonstances, le conduisait à rendre grâces pour ce que le Ciel avait la bonté de lui envoyer. Il venait d'une famille où l'on ne discute pas de ce qui arrive, on fait avec ; c'était une forme d'acceptation du destin dont je n'aurais pas su dire si elle était passivité ou humilité. Je sentais bien que mon acharnement à contredire le destin l'agaçait. Mais j'étais si minée par mon impossible quête que je ne prêtais pas beaucoup d'attention à son silence réprobateur. D'ailleurs, au bout de la quatrième visite, j'avais cessé de lui raconter mes excursions dans l'univers des gynécologues, de peur que mon obstination à contrecarrer les volontés du Très-Haut ne provoque son courroux. Frédéric me répétait que rien n'était changé entre nous ; pourtant, il me faisait moins l'amour. Le désir s'abreuve à de bien curieuses fontaines : sans cet enfant à venir, c'était comme si la chair avait, entre nous, perdu tout son sens.

Je m'en rendais compte. Si vous voulez tout savoir, j'ai même songé à mentir à Frédéric, rien que pour voir resurgir dans son regard la petite flamme qui en avait disparu. J'aurais pu rentrer le sourire aux lèvres de l'une de ces consultations et lui dire en le regardant droit dans les yeux : « Je savais bien que le docteur Machin était un imbécile ! Le professeur Truc, lui, me certifie que je ne cours aucun risque à tomber enceinte à nouveau… » Ce qui m'a toujours arrêté, c'est la répugnance que j'avais à l'idée de mentir à un être aussi droit que Frédéric. Il avait le mensonge en horreur. Je ne lui ai donc pas caché les verdicts identiques de tous les médecins que je voyais.

J'en ai parlé à Francesca, qui est ma meilleure amie et qui a trois enfants. Elle m'a dit : « Tu es obsédée par l'idée de cet autre enfant impossible justement parce qu'il t'est interdit. C'est un caprice de gamine gâtée qui trouve que la glace du voisin a l'air plus appétissante que la sienne, ou c'est peut-être ton esprit de contradiction. Tu sais bien que s'il était possible, cet enfant, tu n'aurais pas forcément envie de l'avoir. Tu ferais comme nous toutes : tu dirais, maintenant, les bébés, c'est fini. Nous sommes enfin sorties de la phase couches-biberons, qui est si astreignante, maintenant, nos enfants sont arrivés à l'âge où peut voyager avec eux ; à quoi bon vouloir y replonger ? » Il y avait du vrai dans ce que me disait Francesca, et pourtant elle n'avait pas compris l'essentiel : qu'en me privant de ma fécondité, les médecins m'avaient privée de ma plus grande beauté – ou du moins de l'idée que Frédéric et moi nous nous en faisions. Comment l'aurait-elle su, elle à qui personne n'avait refusé une autre maternité ?

Cette vie désormais tracée d'avance, cette famille aux contours forcément connus, je les maudissais – tout comme je regardais mon corps en le trouvant soudain vieilli. Au lieu de me rassurer, cette absence d'imprévu qui, à partir de maintenant, serait mon lot de mère, m'inquiétait. Je plaignais de tout mon cœur celles qui, au deuxième, au troisième enfant, déclaraient fermement : « Voilà, c'est fini, c'était le dernier. » Savaient-elles ce qu'elles perdaient de leur pouvoir de séduction en posant cette limite à leur fécondité ?

Je comprenais maintenant pourquoi tant de femmes mettaient au monde un « petit dernier » la quarantaine passée, sans se préoccuper de la grande différence d'âge avec leurs aînés ni des nuits sans sommeil qui les attendaient : c'était ce même élan pour se prouver encore une fois qu'elles étaient des femmes. Oui, j'en ai connu, de ces enfants-trophées que leur mère exhibe comme la preuve irréfutable de sa jeunesse et de sa séduction. Je savais ce que le réflexe vital de ces mères-sur-le-tard contenait d'égoïsme, d'un égoïsme qui est justement le contraire de l'amour maternel. Mais j'en comprenais les raisons.

Je comprenais aussi ces hommes qui quittent la maîtresse ou la femme dont ils n'auront pas d'enfant. Des souvenirs de lectures resurgissaient, comme cette confession impudique de Françoise Giroud, meurtrie à en vouloir mourir parce que son amant l'avait abandonnée pour une femme plus jeune mais, surtout, plus féconde.

Frédéric tentait d'apaiser mon âme tourmentée ; parfois, sans se départir de sa politesse, il me reprochait de négliger mes enfants déjà nés au profit du suivant, celui qui ne viendrait jamais. À mon sujet, il avait inventé l'expression « bovarysme de la maternité » : il disait autour de lui, avec un peu de mépris, que c'était le nom du mal dont je souffrais. Il avait beau me jurer qu'il ne m'aimait pas moins qu'avant, les manifestations de plus en plus sporadiques de son désir contredisaient ses discours et me prouvaient que je n'avais pas tort de m'alarmer. Nos corps demeuraient le plus souvent étrangers dans le lit conjugal ; et je voyais arriver le moment où ils ne se mélangeraient plus du tout.

Je sentais bien que quelque chose de subtil avait changé entre nous. J'ai pensé qu'au fond il était comme moi : qu'il n'avait pas la nostalgie des bébés, ces êtres sales et bruyants, mais celle du possible.

Lorsque la maladie a frappé mon mari, un vilain cancer des testicules auquel rien ne nous avait préparés, moi qui crois aux avertissements du Ciel, j'y ai vu comme un signe : le temps était venu pour moi d'abandonner mes rêves de gestation supplémentaire ; je devais me contenter de mon sort et de mes trois enfants qui ne seraient jamais quatre. Au bout de neuf longs mois, Frédéric a été déclaré guéri par les médecins. Mais, m'a-t-il appris le soir où il est rentré de son dernier check-up, les blouses blanches avaient été formelles : les rayons et les médicaments que son corps avait dû supporter l'avaient laissé stérile. Il ne pouvait plus avoir d'enfant. Il m'a dit ça comme s'il m'annonçait une bonne nouvelle, comme s'il était certain de me faire plaisir, ou plutôt de me soulager. Et en effet, je n'ai pas réussi à lui dissimuler qu'en un sens, cette épouvantable nouvelle me réjouissait : si désormais notre famille avait sa forme définitive, je n'en étais plus la seule responsable. « J'en étais sûr », a-t-il dit avec un sourire que je ne lui connaissais pas. Ce sourire a duré longtemps après qu'il a terminé sa phrase. Puis il a ajouté : « Comme ça, tu n'y penseras plus, à ce bébé de plus que tu n'auras jamais… » J'aurais imaginé que l'annonce de son infertilité lui causerait un plus grand choc. Mais non. Il avait l'air de très bien supporter cette amputation. J'ai songé que son caractère fataliste devait y être pour beaucoup.

Et puis la vie a continué. Seulement, Frédéric s'est mis à voyager de plus en plus pour son travail. Il prenait l'avion deux cents fois par an, et n'avait pas l'air de s'en plaindre. Quand il était loin de la maison, ses enfants lui manquaient ; moi, c'est moins sûr. Il avait beaucoup changé ; je pensais que c'était l'âge et que nous changions tous. Il prêtait beaucoup plus d'attention aux carnets de notes des enfants qu'à mes nouvelles robes. D'ailleurs, nous parlions beaucoup des enfants – sans doute pour ne pas parler de nous. Nous ne sommes plus jamais partis en vacances sans eux.

La paix était revenue chez nous, mais pas la félicité. Parfois, je croyais sentir sur ses chemises un parfum inconnu ; j'entrevoyais aussi dans ses discours tout un monde auquel j'étais étrangère. J'ai balayé mes inquiétudes en songeant que moi, la mère de ses enfants, j'étais à l'abri de ces banales terreurs. Que pouvait-il attendre de la vie que je ne lui ai déjà donné ?

Le père et l'enfant se portent bien

Jusqu'à hier, je pensais que ma vie poursuivrait désormais ce cours dépassionné, que mon ménage vieillirait comme tant d'autres, entre les enfants à élever et la maison de nos vieux jours à acheter. Rien que des projets matériels, en somme. Mais maintenant, je sais que la tranquillité ne sera pas mon lot sur cette terre. Le pire est toujours certain. Frédéric m'a annoncé hier soir, après le dîner, qu'il me quittait. Il est amoureux fou d'une de ses assistantes. Elle n'a pas encore trente ans. Et leur enfant naîtra en juin.

MANUELA

« Les enfants trouvaient curieux d'être nés d'elle. Ils auraient trouvé moins bizarre de naître de la grand-mère ou de Diomina, avec ces grands corps chauds qui protégeaient de la peur, qui défendaient des orages et des voleurs. C'était étrange de penser que c'était elle, leur mère, qu'elle les avait portés un certain temps dans son petit ventre. [...] Elle leur avait même donné du lait avec ses seins : et ça, c'était encore plus invraisemblable. Mais maintenant elle n'avait plus de petits enfants à allaiter ou à bercer, et ils la voyaient filer à bicyclette après les courses, dans un élan libre et heureux de son corps. Il était évident qu'elle ne leur appartenait pas : ils ne pouvaient pas compter sur elle. Ils ne pouvaient rien lui demander. »

Natalia Ginzburg, *La Mère*

Il faut croire que l'amour maternel ne va pas de soi. Déjà, dans les minutes qui suivirent l'accouchement, elle préféra se remaquiller pour épargner à son mari la vision piteuse de son visage défait par l'effort plutôt que découvrir, peut-être même admirer, la petite fille qu'elle venait de mettre au monde : tout était dit de cette incapacité qu'elle aurait toujours à s'oublier au profit de ses enfants.

La toute neuve eut peu d'égards, le père ne manifestant pas beaucoup d'intérêt pour les bébés en général, la mère se montrant davantage émue par les hommages et félicitations de toutes sortes qu'elle recevait que par le nourrisson couché à ses côtés. Lorsqu'à la clinique, il y avait des visites et que le bébé se mettait à pleurer, c'était toujours une autre que sa mère qui le consolait, amie ou tante de passage. De tête-à-tête avec l'enfant au retour de la maternité, d'extase sur cette personne commençante qui ne demandait qu'à être apprivoisée, d'ébahissement joyeux à faire connaissance avec l'être abrité neuf mois durant dans le secret de ses entrailles, de respect muet face à l'autonomie dont ferait preuve si vite ce bébé issu d'elle mais déjà différent, il n'y eut point : elle devança l'appel pour retourner au bureau, se précipita vers le monde extérieur qui lui manquait déjà, comme si la vraie vie n'était pas, à ce moment précis, chez elle, auprès du berceau blanc.

Elle s'appelait Manuela. Elle a eu trente ans en 1970. Elle a épousé avec enthousiasme toutes les utopies du demi-siècle : engagée en 1960, libérée en 1970, moderne en 1980. Il n'en fallait pas plus pour passer complètement à côté de la maternité. À trop aimer les idées, on finit par perdre de vue le monde réel. Et rien n'est plus réel qu'un enfant.

L'insensé, c'est qu'elle en fit cinq autres, des enfants ; non pas tant pour accéder aux demandes d'un époux qui se serait volontiers contenté de deux ou trois héritiers, que pour affirmer je ne sais quelle supériorité sur les autres femmes. C'était cette époque, le début des années soixante-dix, où le mythe de la « super woman » tenait lieu de pensée politique dans les magazines féminins : les femmes pouvaient, et même devaient, gagner leur vie, avoir des enfants et continuer à séduire leur mari. Cette théorie fit la fortune des baby-sitters, et parfois même leur bonheur, quand elles surent obtenir, après la tendresse des enfants, celle de leur père. Personne n'avait osé faire remarquer qu'on n'élève pas les enfants en ne les voyant qu'une demi-heure par jour. Comme on voit, les enfants de Manuela furent autant de signatures apposées au bas d'une pétition imaginaire.

À chaque grossesse, elle était rayonnante. On la complimentait. Il faut se méfier des femmes qui *adorent* être enceintes ; Manuela avait ce narcissisme de la future mère quand elle est plus fière du regard des autres sur sa nouvelle silhouette, que de la vie qu'elle abrite. Au reste, elle prenait peu de kilos pendant ces périodes. Et dans son obsession de limiter le plus possible sa prise de poids, il y avait encore la marque de cette absence de sollicitude pour le petit corps en pleine formation qui aurait bien eu besoin des calories qu'elle s'accordait avec parcimonie. Jamais elle n'envisagea qu'il importait peu de grossir, si c'était pour mettre au monde un bébé plus costaud, ni qu'il serait toujours bien temps de les perdre, ces affreux kilos qui signent la plupart des maternités. Elle ne manifesta aucune abnégation pendant cette parenthèse qu'est la gestation. Et puis, dès que l'enfant était né, il ne l'intéressait plus : c'est qu'il accaparait un peu de cette attention qu'elle aurait voulue toute pour elle. Elle aurait voulu qu'on la plaigne pour ces journées si chargées ou qu'on la loue pour cette existence pléthorique – mais toujours qu'on parle d'elle. Sans doute aussi se sentait-elle bien peu sûre d'elle-même pour vouloir prouver aux autres femmes, forcément rivales potentielles, qu'elle ne cessait pas d'être désirable, par cette preuve irréfutable : son ventre qui, tous les ans, enflait sous sa robe.

Si, comme tant de femmes, elle avait dû patienter longtemps avant que l'enfant s'annonce, elle n'aurait peut-être pas fait preuve de tant de légèreté à l'égard de ses bébés. Car pour celles qui ont attendu chaque mois des nouvelles de leurs entrailles, la désinvolture est impossible : ce serait faire injure au périple que leurs petits ont accompli pour parvenir jusqu'à elles. Leur existence même suffit à les combler. Mais Manuela tombait enceinte comme d'autres attrapent un rhume. Elle ne connut jamais ces mois d'attente, ces conversations sur un prénom alors que l'enfant n'est encore qu'un projet, ces rêves d'avenir caressés par des parents pour un petit qui n'existe que dans leurs fantasmes.

Au vrai, la maternité, celle qui commence après la naissance, Manuela ne l'a jamais vécue. C'est qu'elle aimait *l'idée* de la maternité et non sa réalité. Aussi ces occupations concrètes, nourrir, consoler, rassurer, soigner, lui paraissaient-elles subalternes. Peut-être fut-elle aussi la victime d'une sorte de féminisme mal digéré ; Manuela, qui était si perméable à son époque, fit partie d'une génération de femmes persuadées que les tâches ménagères étaient dégradantes, et que pour se hisser au niveau des hommes, il fallait, comme eux, déléguer les problèmes domestiques. Or qu'est-ce qu'une mère, sinon celle qui a toujours peur que son enfant manque de quelque chose, cet être en creux qui trouve son plus grand bonheur dans la satisfaction des besoins de ses petits ? Ont-ils faim, ont-ils froid, sont-ils assez aimés ? ne cesse-t-elle de se demander. Et il est faux de penser qu'on peut sans dommage déléguer à autrui les tâches élémentaires de la puériculture et se réserver avec son petit les meilleurs moments, celui des jeux et celui des histoires lues avant le sommeil. Entre elle et ses enfants, ce maillon-là manquait et c'était comme si toute la chaîne du sentiment était rompue.

Manuela s'était fait un nom dans le journalisme politique. Elle aimait ce métier qui lui faisait rencontrer des gens importants, en lui donnant l'impression qu'elle influençait le cours du monde. Même après autant de gestations, elle ne savait toujours pas que la vérité réside dans l'infiniment petit. Au sens propre, la vie ne lui avait rien appris. Dans ces journaux qu'elle lisait avec passion, s'enflammant pour des causes variées et éphémères, elle lisait surtout les rubriques politiques. Elle ne prêtait pas attention aux faits divers, qui pourtant recèlent infiniment plus d'enseignements sur l'humanité. Sinon, elle aurait lu cette histoire frappante, celle d'une mère qui avait été arrêtée après avoir volé de la viande pour ses enfants. Cette femme, c'était pourtant la figure maternelle absolue. Les jurés l'avaient bien compris ainsi, qui avaient acquitté cette mère nourricière au motif qu'elle était en « état de nécessité » ; elle n'avait pas le désir de voler, mais le désir de nourrir : la viande, c'est bon pour les enfants, et puis ça change du riz et des pâtes. À l'opposé, Manuela croyait qu'elle pouvait faire l'économie des tâches quotidiennes dans sa relation aux enfants, sans voir que ce sont justement ces moments humbles et nécessaires qui les auraient liés pour toujours. La *reconnaissance du ventre*, quelle vilaine expression pour dire le lien bien réel entre la mère et le plaisir de la table. Tant bien que mal, les nounous, et parfois le père, assumaient ce rôle nourricier : prévoir des menus, faire des courses, apporter un chandail à celui qui frissonne.

Il y avait aussi une merveilleuse grand-mère qui les accompagnait chez le dentiste, leur montrait des musées, leur faisait découvrir Guignol d'abord, Molière ensuite – bref, qui se chargeait de leur apprendre le monde. Elle leur lisait des romans de la comtesse de Ségur, car elle voulait que leur enfance soit poétique ; en un mot, elle se sentait la charge de leur transmettre l'univers qu'elle aimait. Aussi était-ce cette vieille dame, et personne d'autre, qu'ils interrogeaient sur Dieu et le purgatoire, c'était avec elle qu'ils échangeaient leurs impressions sur les livres qu'ils lisaient, c'était avec elle qu'ils projetaient des pique-niques aux beaux jours. En retour, elle leur racontait son enfance, comme un écho un peu atténué de la leur. Les enfants l'aimaient passionnément.

L'indifférence profonde de Manuela pour ses enfants n'échappait ni à sa mère, ni à ses proches amies. Esther, qui tentait depuis tant d'années de concevoir un enfant, trouvait bien injuste que la Nature ait attribué une telle fécondité à celle qui savait le moins s'en montrer digne. Des cousines, auxquelles la Faculté n'avait autorisé qu'un seul enfantement, étaient silencieusement scandalisées par le gâchis que constituaient ces enfants poussant tout seuls, entourés de nounous plus ou moins affectueuses, plus ou moins compétentes, et dont on avait à peine retenu le nom que déjà c'était une autre qui lui succédait. On croyait comprendre que rien ne valait le sérieux des Teutonnes quand, du jour au lendemain, on s'apercevait qu'une jeune Américaine avait été embauchée, car il était impensable que les enfants ne soient pas bilingues en anglais... Ce qui les frappait surtout, c'était la dureté du regard de cette mère quand il se portait sur l'un ou l'autre de ses nombreux enfants : loin de s'adoucir ou de s'illuminer à la seule vue d'un de ces lutins rieurs, il se figeait en une moue, au mieux distraite, au pire sévère, qui disait mieux que tous les discours son absence de tendresse pour eux.

Manuela déclarait avec autant d'autorité que d'inconscience : « J'ai toujours pensé que si l'on veut avoir beaucoup d'enfants, il faut que ça ne change rien à votre vie », sans voir l'égoïsme ni l'immense légèreté qu'il y a à mettre au monde des enfants dont on n'a le temps ni l'envie de s'occuper. Mère, elle ne le fut pas ; elle n'a jamais assisté, ivre de fierté, assise au premier rang, aux spectacles de fin d'année de leurs cours de danse ou de violon – ces soirées interminables pendant lesquelles des parents attendris, qui ont l'air de proclamer à la face du monde « Il est à moi, celui-là, il est doué, non ? », patientent deux heures pour finalement apercevoir leur progéniture une brève minute trente. Jamais elle ne consentit à leur sacrifier quoi que ce soit ; elle ne leur appartenait pas. C'était bien beau déjà de les avoir mis au monde !

Sans doute l'aurait-on beaucoup surprise en lui disant qu'elle n'était pas maternelle. Elle aurait attrapé quelques grandes abstractions au vol, la chair de ma chair et autres banalités, elle aurait protesté avec la dernière énergie. Mais ses enfants étaient en effet pour elle des étrangers. Manuela ne savait rien de leurs jeux, de leurs inventions, de leur imaginaire ni de leurs attachements. Non qu'ils lui aient jamais caché quelque chose, mais elle ne prenait pas le temps de les interroger, de les regarder vivre. En fait, elle pratiquait la séduction qui, souvent, ne précède pas l'amour mais l'empêche. Elle voulait plaire, cette femme qui, depuis toujours, avait tant reçu de compliments. Mais séduire n'est pas aimer : et il vaut mieux oublier son public pour être bon sur scène.

Manuela quêtait des applaudissements, y compris dans sa propre maison. Un soir, après un goûter d'anniversaire, elle demanda au héros du jour ce qu'il avait pensé de la fête ; l'enfant émit des réserves, pour dire surtout qu'il avait mieux aimé celle de l'année précédente. Ce fut un drame. L'amour-propre piqué au vif, elle se mit dans une rage noire, prit une feuille de papier et fit devant l'enfant en larmes le sordide calcul de ce qu'avait coûté l'après-midi. Sans doute n'avait-elle pas entendu parler de cet autre enfant décrit par Jules Vallès, qui, lui aussi, apprit très vite qu'il n'y a pas de vraie tendresse dans ces gestes dont on vous souligne le prix de trois traits.

Le seul aspect qui l'intéressât jamais dans la vie de ses enfants, ce fut leurs études.

Non pour qu'ils y soient heureux, mais pour qu'ils rapportent à la maison chaque fin de trimestre ces lauriers dont elle se parait dans les dîners en ville. Car elle n'aimait pas ses enfants pour eux mais pour elle, les ayant considérés très tôt comme d'excellents faire-valoir. Elle les exhibait souvent, marmaille agitée, pour un instant assemblée autour d'elle, comme pour figurer une allégorie enviable de la maternité. Mais ces photos-là reflétaient une pose, pas un authentique moment de bonheur.

Ce n'était pas du cynisme, mais une étroitesse du cœur – pourtant si rare chez celles qui ont enfanté. Ses enfants, elle ne les voyait pas. Elle ne les comprenait pas non plus ; pour les comprendre, il aurait fallu de l'indulgence, une certaine empathie aussi. Mais son cœur ne tressautait pas lorsqu'ils se couvraient de plaies, elle n'avait jamais mal pour eux, et les voyait ensanglantés sans émotion particulière. Quand elle leur posait des questions, elle n'écoutait pas leurs réponses, perdue dans un songe dont ils ne faisaient pas partie. Jamais elle ne s'extasia sur un de ces mots d'enfant dans lesquels il y a tant de poésie et de justesse. En vérité, si elle eut de l'amour pour eux, ce fut un amour distrait, car mille choses l'accaparaient toujours à l'extérieur de la maison. Mais si l'amour est distrait, c'est qu'il n'est pas.

Chose curieuse, sa propre mère avait été extrêmement maternelle, adorant des enfants arrivés tard, de ces mères qui s'extasient à chaque minute sur le petit être qui pousse sous leurs yeux et déclarent sans mentir que cet enfant-là, c'est *exactement* celui qu'elles voulaient. En cela, Manuela avait suivi le même contre-courant généalogique que Colette, qui fut vénérée par sa mère, Sido, mais négligente avec Bel-Gazou, sa fille. Toujours Sido considéra Colette comme son chef-d'œuvre, toujours elle lui accorda la première place dans ses préoccupations, l'aima sans restriction d'aucune sorte, l'approuva et l'admira quoi qu'elle fît, même quand sa vagabonde de fille emprunta des chemins de grande traverse. Fallait-il être une mère aimante pour, au lieu de récriminer sur ses mauvaises mœurs, enjoindre la maîtresse de sa fille de s'occuper comme il convient de ce trésor ! À cette Missy qui partageait désormais l'existence d'une Colette divorcée, Sido enverra un jour cette prière admirable : « Vous devez veiller sur ma fille, elle en vaut la peine, n'est-ce pas ? » Sido, la mère par excellence, celle que l'amour voué aux siens fait rayonner, la mère toujours précédée de son cri inquiet : « Les enfants, où sont les enfants ? ».

La pauvre Bel-Gazou, elle, n'aura pas droit à tant d'égards. Elle sera confiée à des nurses dès ses premiers instants par une mère pressée de recouvrer sa liberté et, elle aussi, de s'échapper de la maison. Colette a aimé sa fille, mais de loin. Son amour maternel pour elle sera capricieux – quelle contradiction dans les termes ! D'abord Colette adorera sa fille, mais pour de mauvaises raisons : parce qu'elle ressemblait si fort au mari aimé. Puis, quand l'époux devint infidèle, qu'il s'éloigna d'elle et que finalement ils se séparèrent, elle en voulut à cet enfant dont les traits lui rappelaient l'homme désormais honni. Elle non plus ne considéra jamais son enfant comme un être à part entière, issu de ses parents mais distinct d'eux, qu'on aime *tel quel*. Bel-Gazou ne fut que le reflet des passions changeantes de Colette. Pas plus que le reste, hélas, l'amour maternel n'est héréditaire.

Le plus surprenant au fond, pour en revenir à Manuela, c'est que des enfants désirés, qui n'étaient ni le produit d'un accident, ni le fruit du hasard, soient ressentis – et donc traités – comme une gêne. Ils en avaient conscience, d'ailleurs, car les enfants comprennent tout. Et ils avaient toujours l'impression que le temps qu'on leur consacrait était volé à quelqu'un d'autre, qu'il était compté, qu'il était pour elle un sacrifice. En somme, ils avaient bien compris que leur mère s'ennuyait avec eux et ne leur consentait quelques minutes par jour que pour satisfaire à des normes sociales. Évidemment, cela ôta tout le plaisir qu'ils auraient pu retirer de ces moments. Car si le monde des grandes personnes passionnait Manuela, celui des enfants l'ennuyait à périr ; jamais il ne lui serait venu à l'esprit qu'on pouvait passer des moments passionnants dans la compagnie des enfants. Probablement avait-elle détesté être un enfant pour considérer cet âge de la vie comme un sous-état, une sorte de mauvais moment à passer. Mais elle ne leur parlait jamais de sa propre enfance.

Longtemps, ils rendirent son travail responsable de la parcimonie avec laquelle elle dispensait sa maternelle présence, et envièrent leurs camarades d'école qui inscrivaient, le jour de la rentrée, à la rubrique *Profession des parents* : « Mère au foyer ». Ils jetaient un regard envieux à ceux de leurs amis qu'attendait à la sortie, ponctuelle et tendre, une mère munie d'un pain au chocolat ou de toute autre douceur ; et ce n'était pas tant le gâteau qui leur manquait que le souci qu'elle aurait témoigné, par cette modeste obole, de leur appétit. Puis un jour, quand ils furent plus grands, ils durent se résoudre à admettre que cela faisait partie de son caractère. Travail ou pas, elle n'aurait jamais accepté d'être accaparée par ses enfants. Pour d'autres, il y avait le devoir conjugal ; elle avait écopé, elle, dans la série des corvées que vous inflige la vie, du devoir maternel. Manuela traitait tous ses enfants de cette manière si injuste qui est généralement réservée au petit dernier, celui qui a eu la malchance de naître bien après les autres : d'abord faire-valoir pour des parents que son existence-même rajeunit aux yeux du monde, mais très vite fardeau gênant qu'il faut écouter, faire garder, distraire – en un mot, élever.

Les enfants n'en voulaient pas à leur mère. D'abord, petits, ils ne se rendaient pas compte qu'elle était si différente des autres. Seulement, leur enfance fut une île sur laquelle jamais elle n'aborda. Puis ils avaient grandi et étaient arrivés à l'âge des comparaisons. Là, ils avaient connu quelques pincements de cœur en voyant avec quelle tendresse inquiète les mères de leurs amis veillaient sur leurs enfants. Chez les autres, ils virent qu'un enfant peut *intéresser* ses parents ; souvent, eux-mêmes suscitaient plus de questions sur leurs goûts, leurs avis, leurs désirs au-dehors que dans leur propre maison. Leur personnalité qui s'affirmait, leurs talents qui se dessinaient, ce qu'ils avaient pris dans telle ou telle branche de leur famille, d'autres que Manuela l'observèrent et s'en réjouirent.

Beaucoup plus tard, quand ils devinrent parents à leur tour, ils furent rétrospectivement effarés de la façon dont ils avaient été négligés. Blessés par tant de désinvolture.

En vérité, avoir des enfants est la plus efficace des psychanalyses. Dès la gestation des leurs, ils se mirent à revivre leur enfance : ils mesurèrent ce dont ils avaient été privés quand ils eurent quelqu'un à qui pouvoir l'offrir à leur tour. Aussi bien, lorsqu'ils purent enfin tenir dans leurs bras émus leurs petits nouveau-nés, trouvèrent-ils si naturel de les aimer, de désirer les protéger et de vouloir les regarder grandir qu'ils furent abasourdis que leur mère ait pu manquer à ce point de sens maternel. Ils en furent peinés pour les enfants qu'ils avaient été. Ils se jurèrent de ne pas se comporter de la même façon avec leurs petits à eux.

Chacun se croit issu d'une histoire singulière et unique, alors qu'il entre forcément dans une de ces cases sociologiques où il n'est pas seul. Ainsi les enfants de Manuela furent-ils stupéfaits de lire sous la plume d'une psychanalyste la description des carences dont leurs premières années avaient été émaillées : il y avait apparemment toute une génération de parents qui avaient fabriqué des enfants par conformisme social et les avait aussitôt considérés comme un fardeau dont il fallait se décharger auprès des nounous d'abord, de l'école ensuite. Ils avaient été baptisés *immatures affectifs*, ces êtres pourtant gâtés par la vie mais incapables d'aimer, de réconforter, de prendre le parti de leurs enfants. De ces enfants mal-aimés, on disait qu'ils souffraient du syndrome du Petit Poucet : comme le père dans le conte de fées, leurs parents avaient toujours préférer se préserver, fût-ce au détriment de leurs enfants. Ils se sentirent un peu moins seuls, un peu moins différents après avoir lu ce livre.

Seulement, il y aurait toujours un maillon manquant dans leur histoire, car il n'y avait personne pour se souvenir de leur enfance. Manuela, pour ne l'avoir pas partagée, n'en avait rien retenu : elle ne put jamais leur dire à quoi ils ressemblaient à la naissance, à quel âge ils avaient marché, quel caractère était le leur. Terrifiante amnésie ! Cette mémoire de leur enfance eût été entre eux comme un fil ; elle disparue, ils n'avaient plus rien pour les relier. C'était à se demander si la mémoire n'est pas, bien souvent, l'autre nom de l'amour. Car dans le même temps où ils devenaient parents à leur tour, les belles-mères sortaient de leur sac à main, et pour tout dire de leur cœur, des photos de leurs bébés au même âge, elles récitaient au gramme près le poids de leur enfant à la naissance, elles tournaient les pages des albums où elles avaient précieusement recueilli leurs mots d'enfants, elles évoquaient des souvenirs de fièvre, de soucis, de nuits blanches qui leur montraient, à ces jeunes parents, qu'ils marchaient sur un chemin déjà foulé par les leurs – bref, qu'ils se plaçaient dans une continuité. Cette continuité, cela s'appelle la filiation. Du jour où ils furent parents, elle cessa d'être leur mère.

•

PAS CETTE FOIS

Elsa ne pense à rien sauf à profiter de la vie. À vingt ans, quelle chance d'avoir l'avenir devant soi – mais surtout qu'il n'arrive pas tout de suite, qu'il ne prenne pas de couleurs trop précises trop vite... Les Arts déco et Charlie remplissent sa vie, et l'insouciance la rend belle.

Sarah, elle, a toujours été une fille profonde, de celles qui font peur aux hommes quand ils les rencontrent, mais qu'ils envient à leurs époux quand elles sont casées. Elle a fait des études, elle a trouvé un travail, elle s'est mariée : parcours rectiligne qui n'autorisait ni la fantaisie, ni la légèreté. Après, comme tout le monde autour d'elle,

elle a voulu un enfant. Elle a un peu plus de trente ans, c'est raisonnable d'y songer maintenant. Elle l'attend avec sérieux, avec ferveur même, ce petit qui l'ancrera encore un peu plus dans la vie.

Quatre, cinq, six jours de retard... Merde, se dit Elsa, qu'est-ce qui m'arrive ? Faut croire que les examens m'ont vachement stressée cette année. Il y a bien la capote de Charlie qui a lâché l'autre jour, mais non, ça ne peut pas être ça quand même, d'ailleurs il paraît que les jours où la femme est féconde se comptent sur les doigts d'une main.

Quatre, cinq, six jours de retard : Sarah sent l'espoir naître doucement. Elle ne veut pas encore y croire, c'est trop tôt, ce serait trop bête d'être déçue, mais déjà son esprit vagabonde : garçon ou fille ? De quelle couleur les murs de la chambre d'enfant ? Aujourd'hui plus neuf mois, ça nous met à quand ? Février ? Et ça donne quoi comme signe astrologique, février ?

Toutes ces questions qui s'ébrouent joyeusement dans l'avenir, ça ressemble déjà à du bonheur.

C'est pas possible d'avoir autant mal au cœur, gémit Elsa, accroupie dans la salle de bains. C'est sûrement le chinois d'hier qui ne m'a pas réussi.

Les nausées, maintenant. Sarah en est sûre, c'est l'enfant qui lui fait savoir qu'il est là, l'enfant qui n'a pas trouvé d'autre moyen pour faire signe à sa mère. Elle a de la tendresse pour tout ce qui lui arrive, y compris ces abominables haut-le-cœur. Demain, c'est décidé, elle ira acheter un test de grossesse à la pharmacie.

À trois semaines de retard, Elsa se dit : j'attends encore. À quoi bon affoler Charlie pour des prunes ? Les jours passent. C'est sa sœur qui va en rougissant acheter un test dans la pharmacie d'un quartier où elles ne connaissent personne. Elsa est enceinte. C'est la pire nouvelle de sa vie.

Sarah s'est recueillie dans la salle de bains. La ligne bleue est apparue dans la petite fenêtre, elle a inspiré à pleins poumons, et puis elle s'est campée devant la glace, elle a posé ses mains sur son ventre et elle a dit, radieuse, à son nombril : bonjour, ma crevette.

Merde, a commenté Charlie. On est dans la merde, a rajouté Elsa. Qu'est-ce que tu vas faire ? a demandé Charlie. Tu sais bien ce que je vais faire, a répondu Elsa, qui pas plus que lui ne voulait prononcer le mot affreux. Elle se répète ces constats en forme de déroute : trop jeune, pas prête, et puis Charlie était son amoureux, pas le père de ses enfants, en tout cas pas tout de suite.

Sarah a mis une bouteille de champagne au frais pour annoncer la nouvelle à son mari. « Ça fera un petit frisé », avait-elle entendu dire à ses amies enceintes lorsqu'elles en buvaient. Et elle aimait tout ce qui, dorénavant, lui parlerait du petit à venir. Depuis qu'elle se sait enceinte, Sarah a une tendresse maternelle pour l'humanité entière.

Elsa a tout de suite dit à son gynécologue : je ne veux pas le garder. Il a répondu c'est votre droit, vous pouvez avorter jusqu'à douze semaines maintenant. Mais je vais quand même faire une échographie. Elsa a entendu battre le cœur de ce fœtus de cinq semaines, ce vacarme saisissant de la vie dans son ventre. Elle ne croyait pas qu'elle serait si émue. Elle n'a pas changé d'avis, mais, pour la première fois, elle *imagine* cet enfant. En sortant du cabinet médical, elle ne regarde plus les bébés dans la rue de la même façon.

Sarah a l'impression qu'elle s'arrondit déjà. En fait, elle rentre encore dans ses pantalons « d'avant », mais elle voudrait bien que son ventre saille hors de sa silhouette. Elle voudrait tellement avoir l'air d'une femme enceinte.

Entre la visite au planning familial, l'entretien obligatoire avec le psychologue, Elsa a laissé filer les jours. Elle est enceinte de deux mois et demi ; et sur sa silhouette si frêle, les tee-shirts ne tombent plus aussi bien. Demain, elle a rendez-vous avec le médecin qui va aspirer le fœtus. Elle se dit : comme je serai soulagée. Après, on n'y pensera plus.

À douze semaines, Sarah a fait une deuxième échographie, celle qui sert à déceler d'éventuelles anomalies chez le fœtus. Son mari lui tenait la main, bouleversé à son esprit défendant par ce têtard qui gigotait sur l'écran. Tout va bien, le bébé est superbe, a dit le médecin. En sortant, ils sont allés déjeuner dans un très bon restaurant et ils ont parlé de prénoms. Ils ont aussi pensé aux amis qu'ils choisiraient comme parrain et marraine. Et comme ce sont des gens responsables, ils se sont demandé s'il ne leur faudrait pas déménager dans un ou deux ans pour être sûr que leur progéniture serait inscrite dans une bonne école. Bref, ils ont commencé à rêver joyeusement de l'avenir de ce bébé. Le mari de Sarah se dit qu'il aime sa femme, et qu'il aime déjà la façon qu'elle aura d'être mère.

Elsa ne savait pas que ça ferait mal. Elle pensait que ça ressemblerait davantage à une extraction de dents de sagesse qu'à ce charcutage intime. Pourtant, elle a eu de la chance : dans cette Clinique des Violettes où l'a envoyée son gynécologue, elle est tombée sur un médecin jeune, il doit avoir une trentaine d'années, assez beau gosse et sympathique ; elle s'est même dit que si elle n'avait pas été avec Charlie, elle aurait pu tomber amoureuse de lui. Elle n'a pas regardé ce qui gisait dans la flaque de sang. Les trois nuits suivantes, elle n'a pas dormi. Elle se tord de douleur dans son lit. Et puis elle pleure tout le temps. La dernière fois qu'elle a été aussi malheureuse, c'est quand sa chienne, cadeau reçu pour ses dix ans, est morte d'un cancer.

Sarah rayonne. La semaine prochaine, elle entrera dans son sixième mois de grossesse. Sarah est heureuse. Son mari la couve, ses amies lui disent qu'elle n'a jamais été aussi belle. Finalement, elle a choisi de ne pas connaître le sexe de son enfant. Garçon ou fille, quelle importance puisqu'ils en auront d'autres ? Mais elle aime bien ces séances où le fœtus apparaît à l'écran, ces moments où l'attente se matérialise, prend un aspect précis. Elle se demande comment tant de femmes avant elle ont pu se passer de l'échographie, mettre au monde des bébés sans les avoir jamais vus avant le jour de l'enfantement. Au bureau, elle rêvasse, occupée à guetter les premiers coups de pied qui bousculent ses entrailles.

Depuis qu'Elsa est redevenue plate comme une sole, elle se sent seule. Elle ne peut pas s'empêcher de penser au bébé perdu, de refaire sans cesse des calculs : aujourd'hui, si je l'avais gardé, je serais enceinte de cinq mois… Quand elle croise une femme au ventre rebondi, elle la regarde comme une autre elle-même, l'image de ce à quoi elle pourrait ressembler si… Finalement, on fait de jolies robes pour les femmes enceintes, se dit-elle. Elle ne voit pas ce que cette frivolité recèle de nostalgie. Charlie est retourné à sa musique, à ses livres, à ses rêves flous. Entre eux, ils ne parlent jamais de ce qui s'est passé.

Un matin, Sarah s'aperçoit qu'elle perd du sang. Beaucoup de sang. Et puis son ventre se met à lui faire mal, il est comme secoué par des spasmes. Dans l'après-midi, elle se rend à la Clinique des Violettes, celle où elle s'est inscrite dès le début de sa grossesse pour être sûre d'avoir une place. Son mari n'a pas pu venir avec elle. Cette fois, l'écran reste silencieux : le bébé est mort. C'est le médecin de garde qui le lui annonce. C'est un grand type, assez beau. Il est trop jeune pour être blasé : il a l'air aussi atterré qu'elle par cette nouvelle. Sarah se dit qu'il doit avoir le même âge qu'elle, qu'ils auraient pu se rencontrer chez des amis communs. Au lieu de ça, c'est ce moment terrible qu'ils doivent partager. On ne saura jamais pourquoi le cœur du bébé s'est arrêté. En larmes, elle a prévenu son mari par téléphone. Le soir même, elle a accouché d'un petit cadavre. Son médecin habituel était en vacances, c'est à ce beau jeune homme qu'il a incombé la tâche de la délivrer de son enfant mort.

Elsa ne sait même pas si son bébé était une fille ou un garçon. Mais elle y pense tout le temps. Elle se demande aussi si l'enfant aurait eu les yeux bleus, comme Charlie, ou marron, comme elle. Plusieurs fois, elle s'est surprise à dire « mon bébé ». Parce qu'une promesse d'enfant, c'est déjà un enfant. Le soir, elle fait des baby-sittings pour gagner un peu d'argent de poche ; et dans chaque enfant qu'elle garde, elle cherche la trace de celui qu'elle aurait pu avoir.

Sarah n'a pas vu le visage du sien. On lui a dit que c'était une fille, mais on l'a emportée très vite. Il paraît qu'on analyse les tissus des fœtus morts, puis qu'on les incinère. Sarah est dans une maternité, mais c'est des visites de condoléances qu'elle reçoit. Sa famille et ses amis l'entourent maladroitement. Sarah déteste surtout ceux qui lui disent « Tu es jeune, tu en auras d'autres ». C'était cet enfant-là qu'elle aurait voulu, pas un autre. Comme si on pouvait remplacer un bébé par un autre ! Elle trouve leur gentillesse déplacée, leurs mots mal choisis. Entre elle et les autres, il y a ce malentendu colossal : alors qu'elle s'est sentie mère à la minute même où elle a appris qu'elle était enceinte, personne autour d'elle ne pense qu'elle vient de perdre un enfant, un véritable enfant. Personne ne la comprend. Cet enfant, son enfant, Sarah l'a vu sur l'écran du médecin, elle l'a senti dans son ventre pendant des semaines, elle a rêvé à son visage et à son nom : pour elle, aucun doute, il a existé. Or on lui parle de fausse couche comme s'il s'agissait d'un faux enfant. C'est vrai qu'elle ne l'a pas tenu dans ses bras mais – qui donc pourra comprendre ça ? – c'est quand même le corps de son enfant qui lui manque, maintenant que tout est fini. Parce qu'une promesse d'enfant, c'est déjà un enfant. À cette tristesse infinie s'ajoute un sentiment de vague culpabilité : Sarah passe ses journées à se demander ce qu'elle a fait ou négligé de faire pour que survienne cette mort incompréhensible. Et ça, c'est le plus dur.

Elsa, elle, n'a personne avec qui parler de cet enfant qu'elle a porté. Charlie veut oublier cet épisode, sa sœur n'ose pas l'interroger ; et les autres ne savent pas. Pourtant, elle croit que cela lui ferait du bien d'en discuter avec quelqu'un. Elle a lu quelque part que si le Pape condamnait l'avortement, c'était parce que, pour les catholiques, la vie commence dès la conception. Elsa ne croit pas en Dieu. Elle ne sait pas qui a raison dans ce débat sans fin entre partisans de la liberté et défenseurs de la vie. Mais elle se dit que finalement ce qui compte, ce n'est pas tant de savoir quand le fœtus devient une personne – dès la conception ? Quand il est viable ? Ou même bien avant, lorsqu'il n'est qu'une lueur de désir dans l'œil de ses parents ? – que de savoir quand la femme devient mère. Certaines le sont dès qu'elles sont enceintes, d'autres encore plus tôt ; certaines ne le seront jamais, quand bien même elles auraient enfanté. Mais apparemment cette façon de voir les choses n'est pas celle de tous les gens importants qui donnent leur avis sur l'avortement.

Sarah, plus tard, aura d'autres enfants ; mais celui qu'elle a perdu lui manquera toujours – comme ces soldats amputés d'un bras à qui ce membre absent fait toujours mal.

Elsa aussi aura des enfants, mais pas avec Charlie. Comment pourrait-elle vouloir partager l'avenir de quelqu'un avec qui elle n'a de commun, en somme, qu'un refus ? La vérité, c'est qu'Elsa ne pourra jamais lui pardonner de ne pas avoir empêché son avortement, de ne pas avoir tenté quelque chose pour retenir la vie qu'elle portait.

Là, regardez-les, elles sont toutes les deux assises à la terrasse du même café. Elles ne se connaissent pas. Il fait beau, c'est un temps qui rendait presque envie d'être heureux. Chacune attend son chacun, et elles s'observent pour tuer le temps. Sarah pense : « Comme elle est jolie cette petite… Elle a l'air si fraîche, si gaie ! Elle n'a sûrement jamais connu de grand drame dans sa vie… » Puis elle se replonge dans la lecture de son journal. Elle se concentre sur un article à la page des faits divers, c'est l'histoire d'une Anglaise qui vient de se suicider à l'âge de quarante-trois ans parce qu'elle ne réussissait pas à tomber enceinte. Sarah se dit : « Au moins, moi, je peux avoir des enfants… » Elsa sirote un diabolo-menthe et soulève de temps en temps ses lunettes noires pour lire trois lignes dans un magazine féminin. Elle dévisage sa voisine en pensant : « Cette dame a l'air si froide, si bourgeoise, si comme il faut. Encore une qui ne connaîtra jamais la passion, l'amour fou pour un homme ou pour un enfant… »

Elles se méprennent l'une sur l'autre. Elles pensent qu'elles n'ont rien de commun, et pourtant elles partagent le même deuil : le deuil de ce qui a été un moment possible et ne l'est plus, comme une promesse qui n'aurait pas été tenue. Elles auraient tellement de choses à se dire si elles franchissaient le mur des apparences !

Il fait beau et la terrasse du café se remplit peu à peu. Bientôt, il n'y a plus de place. Pour accueillir quand même de nouveaux clients – le commerce est le commerce et ce soleil ne durera pas éternellement –, le serveur leur a demandé de rapprocher leurs chaises et de partager la même table. Elsa aperçoit l'alliance qui brille discrètement au doigt de Sarah et elle a envie de lui demander si elle a des enfants. En ce moment, c'est le seul sujet qui l'intéresse, et toutes les occasions sont bonnes pour entendre parler les unes et les autres de leur marmaille. Cela fait six mois qu'on lui a enlevé le sien du ventre et depuis, il ne s'est pas passé un jour sans qu'elle pense à lui.

Sarah a fini son journal, son mari est en retard, dans un instant elle va s'ennuyer.

Elle se dit qu'elle pourrait tromper son attente en engageant la conversation avec sa voisine. Elle a l'air si jeune, gamine encore à beaucoup d'égards. Quel âge peut-elle donc avoir ? Quinze ans ou vingt-trois ans, c'est difficile à dire, les filles d'aujourd'hui tardent si longtemps à avoir l'air de femmes. Sarah se demande à quoi aurait ressemblé sa fille dans quinze ans. Tout le monde l'enjoint de ne plus y penser, mais c'est plus fort qu'elle. Elle se dit parfois que, même le jour où elle aura réussi à en mettre au monde un autre, elle pensera encore à l'enfant qu'elle a perdu. Elle est à peu près sûre qu'elle ne l'oubliera jamais. Mais, contrairement à ce qu'on dit autour d'elle – travail de deuil et autres banales recommandations de ceux qui ne sont jamais passés là – elle sait que ce n'est pas grave, puisque la mémoire n'est rien d'autre qu'un des noms de l'amour.

Elsa est sur le point d'adresser la parole à Sarah. Mais au moment où elle se tourne vers sa voisine, un jeune homme s'est approché, qui paraît les connaître toutes les deux. Elles l'ont aperçu en même temps. Cette apparition a fait voler en éclats leur artificielle quiétude. Elles ont hésité une demi-seconde puis, dans un même élan, ont jeté quelques pièces de monnaie sur la table avant de partir, de s'échapper serait plus exact, dans des directions différentes.

On dirait qu'elles ont eu peur de lui.

Pourtant, cet homme est la bonté même. Il s'appelle Eric. Il a trente ans. Il est gynécologue-accoucheur à la Clinique des Violettes.

Et s'il a choisi ce métier, c'est parce qu'il aimait l'idée que c'est la seule spécialité en médecine où l'on annonce d'heureuses nouvelles ; la seule où l'on donne la vie au lieu de lutter contre la mort ; la seule où vos patientes sont heureuses de vous revoir parce que vous leur rappelez de bons souvenirs.

OÙ EST PASSÉE MARY POPPINS ?

« La chair de sa chair qui, après une dizaine d'heures de travail, n'est plus qu'une douce virtualité remise aux prochaines vacances. »

Nathalie Azoulai, *Mère agitée*

Evidemment, au début, celle-là aussi avait l'air pas mal. Enfin pas mal : le genre pleine d'expérience, ayant roulé sa bosse dans des tas de familles, ce qui fait qu'on s'est dit qu'elle ne serait pas rebutée par les petites habitudes de la nôtre, en même temps déjà mère d'une grande fille de vingt ans, le style ma fibre maternelle n'est pas restée en friche, si tu vois ce que je veux dire. Et bien conclusion, une semaine, elle a duré une semaine ! Tu ne devineras jamais ce qui a cloché : la télévision – ou plutôt, l'absence de télévision. C'est vrai que nous, on n'y pense plus, sauf peut-être certains soirs d'élections parce que voir ces hommes politiques triompher ou faire la gueule en direct, c'est quand même jouissif, et du coup je ne lui avais même pas mentionné ce détail lors de son entretien d'embauche. Tout ça parce que Thierry prétend que c'est un désastre pour les enfants qui vont finir drogués de l'écran, et parce que moi je rends le poste responsable du naufrage de ces couples où on ne s'adresse plus la parole que pour commenter le film ou décider du programme qu'on regardera le soir même – ou l'inverse, je ne sais plus. Bref, c'est elle qui l'aura mentionné, ce détail, et il faut voir de quelle manière discrète : en claquant la porte ! Tu parles d'une conscience professionnelle ! D'accord, il se peut que le temps lui ait semblé long, quand l'aînée est à l'école et que le cadet fait la sieste, mais avoir à ce point l'esprit rétif aux livres, c'est inimaginable ! En un sens, tant mieux pour les enfants si elle est partie : les savoir entre les mains de cette analphabète, ça me fait froid dans le dos, rétrospectivement… Après, il a fallu jongler pour en trouver une autre sans que cette recherche épuise tout mon stock de jours de congé au bureau, sinon les quatre jours en amoureux avec Thierry à Rome en mai prochain, ce serait fichu de chez fichu…

Je t'assure que les problèmes de garde d'enfant, c'est vraiment le nerf de la guerre. On finit par ne plus parler que de ça, ne plus penser qu'à ça. Mais, ça, personne ne te le dit, quand tu attends ton premier enfant. Alors on imagine des gazouillis avec un bébé joufflu, et on se retrouve à supplier une nièce de seize ans de venir passer son samedi soir devant notre collection de vieux *Paris Match*. Sans parler du soir maudit entre tous, celui où tu n'as trouvé personne, je ne sais pas ce qui se passe, elles vont toutes à la même boum, ou quoi ? et là tu te retrouves avec un mari qui tourne dans le salon comme un lion en cage, la maison tout d'un coup ressemble à une prison, et il te dit sèchement : « Il faudra que tu songes à étoffer ton réseau de baby-sitters. » Qu'est-ce que tu veux répondre à ça ? Pour un peu, tu en viendrais presque à regretter le temps des nannies anglaises à demeure qui déchargeaient les mères de tout, puisqu'elles étaient payées pour qu'on ne voie pas les enfants, ou à peu près. Si on voulait se mêler de leur éducation, elles rendaient leur tablier, outrées qu'on ait tenté de marcher sur leurs plates-bandes. Au moins, tu ne t'arrachais pas les cheveux parce que la réunion au bureau se prolonge ou parce que ton mari trouve inadmissible de rester à la maison un samedi soir. Sauf qu'elles dépossédaient les mères de leurs propres enfants, et que du coup elles les transformaient en majeures incapables pour ce qui est des soins élémentaires à donner à leur progéniture.

Comment auraient-elles su les nourrir ou les changer, elles qui ne s'en occupaient jamais ? Regarde aujourd'hui ta belle-mère : on ne croirait pas qu'elle a eu quatre enfants tant son incompétence en la matière est sans limite. Non, à la réflexion, le fantasme n'est pas si reluisant.

Après, tu parles avec tes copines et tu t'aperçois que tout le monde est embarqué dans la même galère. Il y a autant d'histoires de nounous que d'histoires drôles dans les emballages de carambars, si tu veux mon avis. Souviens-toi de celle que tu as eue l'an dernier et qui t'a raconté avoir débarqué, l'année précédente, chez un couple fraîchement séparé ; elle rappelle à Madame qu'on lui avait promis qu'elle pourrait rencontrer la précédente au-pair, pour avoir des détails de première main sur le job ; Madame fait la gueule, lui répond que désolée, ça va être compliqué de rencontrer Carmen ; la jeune fille met cet énervement sur le compte du divorce en cours. Au bout de huit jours, elle finit par comprendre que Monsieur a plaqué Madame pour les beaux yeux de la Carmen en question ! Rappelle-toi aussi cette Portugaise sensationnelle que j'ai eue, une vraie perle, sérieuse, honnête, elle ne partait jamais en vacances pour ne pas amoindrir des économies qu'elle consacrait toutes à se faire construire une maison en Algarve, le coin d'où elle venait. Les heures supplémentaires, le jour férié qui ne l'était jamais pour elle, le baby-sitting à l'improviste parce que Thierry a accepté un dîner chez les Machinchose sans m'en parler, jamais elle ne rechignait, puisque chaque coup de canif à son contrat de travail signifiait pour sa maison un embellissement des fenêtres ou une robinetterie plus moderne. Et bien même elle, elle a pété un plomb, le jour où elle a reçu un appel du Portugal lui annonçant que son entrepreneur avait fait faillite, engloutissant d'un coup toutes ses économies. Du jour au lendemain, elle s'est désintéressée de son travail, puisque le sens qu'elle lui avait attribué avait disparu. Et puis il y a eu aussi l'Autrichienne qui travaillait chez Virginie, à l'œil nu on voyait que son moral déclinait, elle a brutalement planté les trois enfants pour rentrer chez elle, et on a appris quinze jours plus tard qu'elle s'était suicidée, donnant des frayeurs rétrospectives à la mère de famille : et si elle avait fait ça chez moi ?

Bref, moi non plus je n'y ai pas échappé aux sueurs froides à cause de la nounou qui te plante du jour au lendemain et de cette question qui, j'en suis sûre, est responsable de nos premiers cheveux blancs : *mais qui va garder les enfants ?* Comme d'habitude, le raccord, c'est la mère de Thierry qui l'a fait. Elle a passé quatre jours entiers avec ses petits-enfants, je crois qu'elle était ravie d'ailleurs, mais franchement, est-ce que c'est juste d'attendre d'arriver à l'âge où on est grand-mère pour profiter de l'enfance des siens ? Je sais bien que les psychologues te bassinent avec « l'indispensable rôle de nos aînés » et tout ce que peut apporter le troisième âge à nos bambins, mais ces enfants, c'est moi qui les ai désirés et fabriqués, non ?

Donc, pendant ces quatre jours, j'ai cherché une nounou ; je les interviewais à la maison le soir, en rentrant du bureau. J'en ai trouvé une. Je n'ai pas choisi la mieux mais la moins pire, ce qui est une nuance de taille quand on pense qu'il s'agit, après tout, de s'occuper de ce que j'ai de plus cher au monde, comme on dit dans les mauvais romans. Bien sûr tout le monde dans ce genre de situation espère que ça va se passer comme dans Mary Poppins, quand – tu te rappelles ? –, après avoir usé six nurses en quatre mois, Jane et Michael Banks voient débarquer chez eux cet être fantastique, gai et poétique qu'est la célèbre nanny anglaise. Malheureusement, la vie ne ressemble pas à une production de Walt Disney.

Et dire que cette fille, qui va rester chez nous un an ou deux, avant de repartir vivre sa vie dans son pays natal, oubliera mes enfants, leurs jeux, leurs rires, leurs progrès, toutes ces heures infiniment précieuses qu'elle aura passées auprès d'eux... À elle, la kyrielle des premières fois que moi, qui les ai eus dans mon ventre, je ne verrai pas ; il faudra qu'elle me raconte le soir, quand je rentrerai de ce travail qui me tient éloignée d'eux, que le petit a aujourd'hui pour la première fois mangé à la cuiller tandis que l'aînée a découvert – et adoré – l'histoire de Cendrillon. Et là tu vois, je sais par avance que j'aurai la haine, pendant cinq minutes seulement (mais comme elles me paraîtront longues ces minutes), j'aurai vraiment la haine contre ce monde absurde où les femmes portent neuf mois des enfants puis les abandonnent entre les mains d'une nounou, trois mois après la naissance, pour aller « gagner leur vie ». À ce jeu-là, elles ne gagnent rien du tout, au contraire elles perdent leur temps en passant à côté de l'essentiel, ai-je pensé parfois, scandalisée aussitôt après par cette idée si peu conforme aux habitudes de notre temps.

Donc j'ai trouvé cette fille. Mais ne crois pas que je sois pour autant déjà tirée d'affaire. Pour être sûr que ça se passe bien avec les enfants, il va me falloir rentrer un soir ou deux à l'improviste, pour tenter de surprendre l'éventuelle négligence ou la faute caractérisée. Je sais que j'ai l'air d'avoir un caractère ultra-méfiant en te racontant ça, mais sache qu'il y a pire que moi : je pense à Noémie qui a confié un double de ses clés à sa mère en lui demandant de passer de temps à autre au milieu de la journée pour vérifier que tout va bien et que sa nouvelle nounou fait bien son travail. La confiance règne, comme tu vois. Je sais, c'est un procédé minable, mais encore une fois, il s'agit de protéger ce que nous avons de plus précieux au monde, alors dans ce genre de cas, la hauteur de vue, la délicatesse ou la grandeur d'âme, tu peux te les garder. Ça paraît dingue d'en arriver là, mais tu excuses ces comportements para-policiers quand tu as, comme moi, vu ce reportage l'autre jour à la télévision qui montrait un couple d'Américains ayant installé chez lui une caméra vidéo. Il s'agissait de vérifier de quelle façon la nounou s'occupait de leur bébé. Le résultat a dépassé leurs attentes – ou plutôt leurs craintes : le film leur a révélé un enfant laissé à l'abandon dans son parc la plus grande partie de la journée, tandis que sa nounou ingurgitait avec une égale passion des feuilletons télévisés et du pop corn. Et je te passe les détails sordides sur la même nounou, flemmarde au point de nourrir le bébé à travers les barreaux du parc plutôt que de l'asseoir sur sa chaise haute. Je t'assure qu'il faut avoir un tempérament ultra-zen pour ne pas sombrer dans la parano après ça.

Note que, quand on y réfléchit, c'est un boulot de chien de s'occuper des enfants des autres, et je ne vois pas pourquoi ces pauvres filles ne se relâcheraient pas peu à peu – l'énergie, la motivation, l'enthousiasme et, n'ayons pas peur des mots, la tendresse pour ces bambins se transformant au fil des jours en désinvolture puis en impatience, pour finir en véritable exaspération. Elles commencent en leur apprenant à faire des puzzles et en leur lisant des contes de fées, mais très vite elles finissent par les coller devant des dessins animés japonais pour avoir la paix. La meilleure volonté du monde se transforme en tire-au-flanc au bout de quelques mois.

J'y ai pensé l'autre jour en changeant la couche du petit. Eh bien, je vais te dire, j'ai compris une chose en contemplant avec dégoût le contenu nauséabond de la couche de mon rejeton : si ça me fait cet effet-là à *moi* qui suis sa mère et qui l'aime d'une tendresse que je crois à toute épreuve, qu'est-ce que ça doit être pour la fille dont le seul lien avec ce môme est d'être payée pour le garder ? C'est répugnant, la couche sale d'un enfant qui n'est pas le sien, c'est immonde même ! Ne nous voilons pas la face : de la merde, c'est toujours de la merde.

Alors tu imagines le peu d'empressement de la nounou à aller voir ce qu'il y a dans cette fameuse couche, sachant qu'après ladite inspection il y a de fortes chances pour qu'il s'avère que le bambin a besoin d'être torché. Combien de fesses rouges, combien de bébés en pleurs par la faute d'une nounou à la vue et à l'odorat trop sensibles ?

Les magazines féminins ont beau te dire : votre enfant sera heureux si *vous* êtes heureuse, tu sais bien qu'il s'agit ni plus ni moins d'une formule démagogique pour excuser notre égoïsme à toutes. Mais la vérité, c'est que toi, moi et la plupart des femmes, nous sommes malheureuses parce que nous avons l'impression de tout rater : mauvaises employées le jour, quand on s'échappe plus tôt que les autres sous l'œil réprobateur des collègues, mauvaises mères le soir quand ces petits qu'on voit si peu, on les rabroue pour un rien parce que les heures passées au bureau ont eu raison de nos dernières réserves d'indulgence. Tu sais comment c'est : une claque, c'est vite parti quand on a huit heures de travail dans les pattes. Après, on s'en veut, on a parfois même envie de se frapper soi-même, à la manière de ces boulimiques qui se font vomir pour se punir d'avoir avalé un gâteau de trop.

On le sait toutes, ça, que la fatigue nous rend souvent injustes et parfois violentes. Et puis l'autre raison de notre inconfort perpétuel, c'est que nous avons tout le temps peur : peur que la nounou soit *trop* jolie et plaise au mari, peur qu'elle soit *trop* affectueuse et nous détrône dans le cœur de ces enfants avec qui elle passe toute la journée, mais peur aussi qu'elle soit *trop* dure et rende les petits malheureux – angoisses contradictoires qui font de nos vies un enfer.

En plus, dans ce domaine, la parité, ça ne veut pas dire grand-chose. D'accord, ces enfants ont un père. Mais observe les gens dans un dîner, au bureau, dans un magasin : seules les femmes ont cette lueur inquiète dans le regard, elles seules ont cette infime étincelle d'anxiété qui trahit la mère en train de se demander : « Est-ce que tout va bien à la maison ? » Ce fardeau-là, jamais ton homme ne t'aidera à le porter.

Alors tu vois, jusqu'à ce matin, j'essayais de me faire violence, de repousser toutes ces arguties de mère possessive. Je me répétais qu'il faut sortir de chez soi, s'intéresser au monde extérieur, et même qu'il est sage d'éloigner de temps à autre les enfants de notre amour inquiet. Et puis maintenant, je ne sais plus. Il faut dire qu'il m'est arrivé un truc bizarre. Tout à l'heure, je relisais *L'Enfant du premier âge*, ce guide que t'envoie la Sécu dès qu'elle a reçu ta déclaration de grossesse. Un bouquin tout ce qu'il a de plus officiel, édité par le « Comité national de l'enfance », enfin tu vois le genre. Sur la couverture, ils te disent que c'est envoyé aux futures mamans depuis quarante-quatre ans : un gage de sérieux, non ? Pour te résumer le contenu, c'est du Pernoud en gratuit : l'enfant dans ton ventre et hors de ton ventre, ou les réponses à toutes les questions que tu te poses. Et tout d'un coup, là-dedans, des mots m'ont sauté au visage et comme assommée : à propos de la personne qui garde ton enfant pendant la journée, ils emploient l'expression de « substitut maternel ». Je ne peux pas te dire l'effet que ça m'a fait de lire ça. Consternée, j'étais consternée. J'avais envie de protester, *mais c'est moi la mère*, et je ne demande à personne de se « substituer » à moi. Au lieu que ce bouquin débile avait l'air de prendre pour acquise ma démission de mère, puis l'embauche à ce poste de quelqu'un de plus compétent peut-être, de plus disponible sûrement, que moi. Ah, si tu veux tout savoir, ça m'a démolie de lire ce truc, comme si mes propres réflexions sur la vie n'étaient pas assez noires comme ça.

Et aussitôt après, va savoir pourquoi, un très vieux souvenir d'enfance m'est revenu en mémoire. Nous avons eu pendant un ou deux ans comme jeune fille une Anglaise prénommée Meg. J'ai tout oublié d'elle, sauf les absurdes châtiments corporels qu'elle nous infligeait. À la moindre bêtise, nous étions, mes frères et moi, envoyés « au coin » où nous passions des moments interminables, les mains sur la tête, face au mur. L'humiliation absolue. Nous avions quoi ? cinq, six, sept ans peut-être. Très vite, les crampes s'installaient. On avait mal, on se sentait désaimé. Tu sais comme ça peut être violent, un désespoir d'enfant. Et le pire dans ce souvenir, c'est le sentiment de ne pouvoir le soir venu se plaindre à quiconque, puisque c'était elle, et non nous, qui était investie de la confiance des adultes. Ça, un substitut maternel ? Quelle blague ! Juste une pauvre fille à bout de nerfs face à une horde de trois bambins insupportables et incapable de se faire obéir autrement qu'on infligeant la plus bête des punitions – celle-là même sans doute qu'on lui faisait subir quand elle était enfant.

Il me semble que réfléchir au mode de garde des enfants, c'est se poser la question du temps qu'on est prêt à leur consacrer. Et tu vois, plus j'y pense, plus je suis sûre d'une chose : ce que tu peux offrir de plus précieux à ceux que tu aimes, c'est du temps. C'est la seule chose vraiment inaliénable. Au fond, les enfants ont besoin qu'on soit avec eux, même si c'est pour ne pas toujours s'en occuper. C'est vrai qu'il faut les laisser jouer, rêver, qu'il ne faut pas les étouffer ; mais pour eux, quelle sécurité de nous sentir auprès d'eux, jamais très loin…

Quand avec mes copines on met le sujet sur la table, je m'aperçois qu'il n'y a pas de nounou idéale, que chacune a des petits accommodements avec sa Mary Poppins intérieure. Notre nounou n'est jamais exactement ce qu'il faudrait. Mais ce matin, j'ai compris pourquoi : la seule nounou vraiment idéale, c'est la mère !

Aujourd'hui, j'ai souvent l'impression que, pour la plupart des femmes, c'est comme si être mère était un fardeau et qu'il fallait s'en décharger sur quelqu'un d'autre le plus vite possible après la naissance. Je ne vaux pas mieux que les autres : c'est ce que j'ai fait. Pourtant, on n'est plus à l'époque des maternités subies et donc vécues comme source d'esclavage à la maison. Ces femmes, elles ont choisi d'avoir un enfant, souvent elles ont attendu tard pour « être prêtes » comme elles disent, elles devraient au contraire en profiter pleinement – je ne dis pas s'arrêter de travailler pour toujours et embrasser la carrière domestique jusqu'à ce que le petit dernier ait signé son premier contrat de travail, mais juste faire une pause, je ne sais pas moi, un an, deux ans, juste histoire de les regarder grandir, ces merveilles. Comment façonnerons-nous nos enfants à notre semblance si ce n'est pas nous qui répondons à leurs questions, si ce n'est pas de nous qu'ils tiennent la poésie du monde ? Et qu'est-ce que c'est, deux ans, dans une vie qui filera si vite que demain matin, ou presque, les oisillons se seront envolés du nid pour aller s'ébattre loin de notre tendre vigilance ?

Ne crois pas ceux qui te disent que la quantité compte moins que la qualité : ils mentent ! C'est comme ces femmes qui te disent qu'on peut tout mener de front, qu'il suffit seulement d'être *or-ga-ni-sée* – il faut les entendre marteler ce mot avec autorité ! Comme si la vie se résumait à des tiroirs rangés et étanches ! Elles doivent être bien tristes, ces vies où il n'y a pas de place pour l'improvisation, l'élan, l'envie – celle de voir ses enfants en plein après-midi, par exemple. Non, laisse-moi te dire, c'est comme dans toutes les histoires d'amour, ce qui compte c'est d'être ensemble. Même si on ne fait rien. On s'aime côte à côte, c'est tout. Et c'est bien. Quelle mère es-tu si tu n'as pas, de temps en temps, tout arrêté pour admirer en silence ta création ?

Alors ce matin, je me suis regardée dans la glace et je me suis dit : « Comment, ce luxe est à ta portée et tu ne le saisirais pas ? »

Je sais bien ce que tu vas me dire : que dans la vie, il y a les choses qu'on *veut* faire et celles qu'on *peut* faire, en un mot tu vas me parler d'argent. Et moi j'ai envie de te dire : qu'est-ce qui a plus de valeur que l'enfance de mes marmots ? Si dans quinze ans, j'avais, comme tant d'autres, la nostalgie de leur enfance qui me tombait dessus, tu ne crois pas que je les regretterais, ces mois passés à gagner de quoi les faire garder ?

Oui, je le sais maintenant : la vraie vie est là, dans ce tumulte joyeux, et pas ailleurs. Je ne veux plus confier à quiconque le bonheur de passer sa journée avec mes enfants, je veux aller les chercher à la sortie de l'école, je veux qu'ils me racontent une journée que j'aurai tout le temps d'entendre, je veux guetter leurs sourires et sécher leurs larmes, je ne veux plus me demander en plein milieu de la journée : « Mais qu'est-ce qu'ils font en ce moment ? », je veux répondre à leurs pourquoi avec une douceur infinie, avec une patience intacte parce que je ne l'aurai pas dilapidée au bureau, oui je veux leur expliquer le monde, leur raconter des histoires, leur faire aimer leur enfance – et surtout en faire partie.

Je vais la rappeler, cette fille, et lui dire que finalement je n'aurai pas besoin d'elle. Mon patron sera un peu surpris quand je lui annoncerai ma démission, mais je me fiche bien de ce qu'il va penser. Tu sais, ça m'a fait du bien de te parler.

MADAME, VOTRE ENFANT EST EN AVANCE

La première visite chez le pédiatre, c'est en fait chez le gynécologue qu'elle se passe.

— Vous avez des antécédents alcooliques dans la famille ? Ou des tares génétiques ?

Il a dit ça comme on demande le groupe sanguin ou la date des dernières règles – questions de routine. Il regarde sa feuille de papier, prêt à enregistrer mes confidences. Moi, je regarde mon gros ventre avec suspicion. Pas que je sache, mais comment savoir pour l'autre côté ? Voilà : déjà, avant même d'avoir vu à quoi il ressemble, on s'inquiète de la santé du petit. Et ça va durer des années, cette anxiété, tout comme cette tendance à accuser *l'autre côté* d'être responsable de tous les maux du rejeton.

Après, quand l'enfant est là, on s'inquiète, on doute, mais on a aussi des instants de fierté insensés. On scrute les courbes de taille, on compte les dents, on triche sur la date du premier pas, on raconte à qui veut l'entendre que le petit a maîtrisé le fonctionnement du magnétoscope à treize mois. Et on interroge fébrilement le pédiatre pour qu'il fasse écho à notre admiration. Sans parler des questions perfides aux copains (« Et le tien, il a marché à quel âge ? »), perfides parce qu'on est sûrs par avance que leur réponse confirmera la précocité de notre génial bambin. Le médecin, qui sait que l'homme perd le sens commun dès lors qu'on cause de sa descendance, a l'intelligence d'abonder dans le sens des parents. Parce qu'en vérité, du point de vue de la mère, le bon pédiatre, c'est celui qui lui dit :

— Madame, votre enfant est en avance.

Il ne ment même pas : un enfant est toujours en avance pour quelque chose. Ce n'est ni la marche, ni la parole, ni les dents ? Alors ce sera ce regard pétillant qui est le sien et qui révèle à coup sûr une vivacité d'esprit incroyable pour son âge. Serment d'Hippocrate mon œil, le patient est un consommateur comme les autres. Après tout, le pédiatre *aussi* vend du rêve. Un mètre quatre-vingt-dix au moins, fort, immunisé contre toutes les saloperies, voilà ce qu'il nous promet. On n'est pas loin de l'aspirateur garanti à vie. Car il a bien compris que les parents projettent dans son discours leurs fantasmes, leurs ambitions, leurs craintes aussi. À lui de les rassurer d'abord, de les séduire ensuite. Combien d'enfants « tellement mûrs pour leur âge » ai-je connus ? Combien de bambins « particulièrement éveillés » ? C'est finalement celui qui n'est pas précoce qui sort de la norme.

Dès les premiers jours, nous avons une toise en guise de cerveau, une balance en guise de cœur et nous utilisons le carnet de santé comme un carnet de notes. Mais pourquoi toujours comparer ? Quand commencerons-nous à nous extasier sur nos enfants *tels qu'ils sont* ?

Le meilleur pédiatre que j'ai connu, il n'était justement pas pédiatre. Médecin de campagne dans un village de trois mille âmes, mais père de cinq enfants dans le civil, ce qui lui donnait le plus infaillible des savoirs en la matière. Le genre de type plein de bon sens, incapable de tenir un discours convenu, hermétique aux modes et aux conclusions des congrès de médecine à Marrakech ou à Palerme (tiens, c'est curieux, pourquoi toujours au soleil, ces réunions ?), infatigable présence auprès des inquiets et des souffrants. Il avait depuis longtemps adopté la langue de ses patients, car comment soigner ceux qui ne vous entendent pas, et interrompait souvent la consultation pour répondre au téléphone, rassurer l'un ou promettre à l'autre qu'il passerait « c'tantôt ».

J'étais venue pour un banal rappel de vaccin à faire au milieu de l'été. Il a fait la piqûre puis a examiné mon fils. Je lui ai parlé du « mal » dont il souffrait, ce fameux reflux gastro-œsophagien qui avait conduit son pédiatre à préconiser un traitement assez lourd. Il est vrai qu'après chaque repas, mon bébé recrachait une partie de son lait, souillant pour toujours canapés et moquettes. Pourtant, il grandissait normalement et ne semblait pas mécontent de son sort. Mais le jeune parent sans recul, sans expérience, suit à la lettre l'ordonnance qu'on lui donne pour son enfant, bien incapable d'en critiquer les fondements. De toute façon, le moindre propos émaillé de paroles scientifiques le rassure. Or, pour la première fois ce jour-là, quelqu'un m'a tenu un discours *de bon sens.*

Savez-vous ce qu'il m'a dit ? Qu'il ne servait à rien d'abrutir un si petit enfant de médicaments – d'autant plus que le mien ne souffrait pas –, que les temps modernes sont grands créateurs de tous ces maux qui s'abattent dès le plus jeune âge sur une humanité qui doit donc être bien mal en point, que lui me promettait, au nom de son expérience, que ces petits incidents cesseraient tout seuls, sans la moindre potion, quand mon fils aurait atteint l'âge cacochyme de huit mois. Aussi pouvais-je arrêter tout de suite les poudres miracles que j'ajoutais scrupuleusement à chaque biberon.

Ainsi fis-je, avec le succès que l'on devine. Bien entendu le pédiatre *traitant*, celui qui avait ordonné ce traitement, ne fut pas mis au courant du changement de programme. Ça y est, j'étais entrée dans le cycle infernal : mentir à l'un parce qu'on a mieux aimé le discours de l'autre, aller d'un pédiatre à son confrère jusqu'à ce qu'on trouve chez l'un d'entre eux ce qu'on était venu y chercher – un peu comme ces visiteurs du Salon de la Voyance qui vont de stand en stand se faire lire les lignes de la main, jamais lassés de s'entendre annoncer un destin chaque fois différent.

C'est toujours pareil : dix fois, on va voir le pédiatre pour rien, et la onzième fois, quand on a cru pouvoir se passer de ses services, on s'aperçoit trop tard qu'il s'agissait d'une véritable urgence médicale. Élever un enfant, c'est revivre l'histoire de Pierre et le loup plusieurs fois par an.

Ça a commencé le premier jour des vacances de Pâques. Toutes les nuits, mon bébé se réveillait, hurlait comme un possédé, ne voulait plus se recoucher dans son lit une fois qu'il avait retrouvé la douceur de mes bras – bref il semblait habité par une anxiété nouvelle. D'abord, on a mis ça sur le compte du dépaysement : c'est ce lit, cette chambre, ce climat qu'il ne reconnaît pas, pensait-on. Puis les vacances se sont terminées, sans que les nuits redeviennent plus calmes pour autant. Alors son père a émis une théorie :

— C'est l'âge des caprices, il nous teste. Il faut surtout rester ferme, ne pas céder.

Ce qui signifiait ne pas aller le voir ni tenter de consoler quand il pleurait.

Enfin le père se sentait utile ! Il avait laissé avec soulagement la mère en tête à tête avec le bébé pendant la phase couches-biberons, mais maintenant qu'on abordait les grands sujets, maintenant qu'il s'agissait d'élever cet enfant et plus seulement de le nourrir et de le torcher, il était prêt à prendre toutes ses responsabilités de père. Il jubilait : son heure était enfin venue !

En dépit de ce sévère traitement, il n'y eut pas d'amélioration sur le front des nuits. Au bout de huit jours, rendez-vous fut pris avec le médecin de garde du village où nous passions le week-end. Sur le chemin du cabinet médical, ce n'étaient que quolibets du père persuadé que son fils n'avait rien et, pour tout dire, jouait la comédie. Celui-là, de médecin, c'était une sorte d'évocation contemporaine de Céline : hirsute, ayant du mal à se frayer un passage dans son bureau envahi par des boîtes à chaussures où il rangeait ses fiches. Je ne sais pas pourquoi, ça m'a rassurée. Tout de suite, il a vu le problème : otite et rhinopharyngite. Le petit était tout simplement réveillé chaque nuit par des élancements aux oreilles.

Après, bien sûr on a culpabilisé. Quinze jours de souffrance par notre faute, quelle bêtise ! Ainsi font (mal) les parents trop pressés de jouer leur rôle de parents, trop nourris aussi des innombrables théories émises par les spécialistes de la petite enfance. C'est peut-être de leur faute si nous oublions si vite qu'avant de former leur caractère, nous sommes là pour nourrir, soigner et consoler nos enfants.

Le sujet le plus potentiellement conflictuel entre les parents, c'est la nourriture – oui, plus encore que la question du bon usage de la télévision. Ça commence bien sûr par le classique débat « sein ou biberon ? » – que les hommes puissent avoir un avis sur ce sujet ne finira jamais de me stupéfier –, ça continue avec la rituelle querelle du petit pot. Sans parler de la guerre atomique consécutive à la découverte par le père de la teneur en sucre des aliments pour enfants.

Le mien de mari, la seule fois où il a voulu rencontrer le pédiatre de *notre* enfant, c'était pour s'entendre confirmer la justesse de ses vues en matière de nutrition infantile. Ces deux-là ont tout de suite sympathisé, au point que j'ai fini par me sentir de trop entre eux ; c'était vexant, à la fin. Bien sûr, le pédiatre a été jugé remarquable par le père, parce qu'il lui a dit exactement ce qu'il était venu entendre : qu'il faut faire les compotes à la maison, qu'il ne faut pas donner de petits suisses aux fruits (là encore, trop de sucre), que les petits pots sont une abomination (trop de colorants artificiels et... devinez quoi ? trop de sucre !).

— Tu vois, j'avais raison, mais on ne m'écoute jamais dans cette maison, pérora le père en sortant de la consultation.

Comment lui expliquer que oui, ils avaient en effet raison, j'étais d'ailleurs bien d'accord avec eux, mais que les recommandations alimentaires du pédiatre, c'est comme quand le Pape parle de sexualité. Le rôle du Saint Père, c'est de prôner la voie la plus ardue, le chemin le plus escarpé. C'est même ce qu'on attend de lui, sinon il faut qu'il change de métier. Donc il s'oppose à la contraception, à l'avortement, il défend la fidélité et le mariage à vie. Très bien. Mais ça ne veut pas dire que le croyant suive toujours ses avis à la lettre. Le Pape montre un idéal ; le pédiatre aussi. Personne n'est obligé de l'atteindre. Ce qui compte, c'est d'essayer d'y parvenir. Parce que sinon, la vie deviendrait impossible.

Mais allez expliquer ça à un père qui exige le meilleur pour son fils ! Démarche sympathique mais paradoxale : car si l'on y réfléchit bien, ce père veut donner à son enfant ce qu'il ne prend plus le temps de s'offrir à lui-même : des mets qui ont de la saveur parce qu'ils ont été préparés à la maison, avec lenteur, amour et produits frais.

C'est ce jour-là que j'ai compris la chose suivante : contrairement à ce qu'on entend ici et là, le *nouveau père*, ce n'est pas forcément celui qui torche ses enfants davantage que ses ancêtres, ni celui qui donne plus volontiers le biberon ou le bain. C'est celui qui a une opinion sur toutes les questions de puériculture. Et ça, c'est nouveau. Autrefois, le père n'entrait pas dans la nursery ; ses enfants commençaient à l'intéresser quand ils avaient sept ans ou parfois plus. Avant cet âge, ils étaient de la responsabilité exclusive des mères. « Fais au mieux mais surtout ne m'en parle pas », combien d'épouses ont entendu cette phrase ? Aujourd'hui, les pères lisent Françoise Dolto avant la naissance, tracent des courbes de poids ou de taille dans le carnet de santé (ils n'y mettent pas moins d'application que quand ils passaient des concours), ne se lassent pas d'interroger les autres parents sur l'état d'avancement de leur progéniture à eux. Le résultat, c'est qu'avec ces pères-là, les mères ne sont pas moins fatiguées, mais elles sont moins seules.

J'en ai vu, des pédiatres. Le très chic, très cher, très à la mode *dans un certain milieu.* Le pète-sec, qui fait vite et efficace, faut pas que ça traîne parce qu'il y a beaucoup de monde dans la salle d'attente, alors on remballe ses questions un peu penaude, celui qui a tout le temps un reproche à la bouche – avec celui-là, on sort de la consultation très déprimée, persuadée qu'il est un bon médecin et nous une mauvaise mère. Le baba cool, qui a de surcroît une petite notoriété parce qu'il est passé à la télévision, qu'on trouve follement sympathique mais dont on craint qu'il ne puisse être là dans le quart d'heure en cas d'urgence. Et puis mes préférés, les médecins qui sont de garde le jour où l'on a besoin d'eux, ceux qui ne sont pas pédiatres mais ont une compétence qui vaut tous les diplômes : celle que confère le côtoiement quotidien de la souffrance humaine.

Pour une femme, le pédiatre c'est comme avec les hommes : parfois il faut en essayer beaucoup avant de trouver le bon, parfois on sait dès le premier rendez-vous qu'on est tombé sur le Prince charmant.

En vérité, il n'y a pas de bons ni de mauvais pédiatres. Il n'y a que des parents plus ou moins anxieux, plus ou moins malhabiles. De toute façon, tous les médecins vous le diront : aucun patient ne suit l'ordonnance qu'on lui a prescrite, mais tous font durer la consultation le plus longtemps possible. Parce que ce qui compte, ce n'est pas tant d'être soigné que d'être écouté. On vient moins chez un pédiatre pour ses petits que pour soi-même, pour déverser ce flot d'angoisse qui nous assaille depuis qu'ils sont nés. Et avec qui peut-on parler de ses enfants, sinon avec celui qui remplit sa sébile en nous tendant le crachoir ? Car ni les amis ni la famille ne sont d'aucune aide dans cette affaire. Ils sont comme vous et moi : rien ne les emmerde davantage que d'entendre parler d'enfants qui ne sont pas les leurs.

BIENVENUE AU CLUB

« J'ai fait des enfants. Qu'à leur tour, ils fassent de moi un père. »
Eric Neuhoff, *Barbe à Papa*

De son père, il n'avait pratiquement aucun souvenir. Des parents séparés sitôt sa première bougie soufflée. Un père accaparé par une autre épouse, par les nombreux enfants nés de ce second lit, et surtout par la carrière brillante qui faisait de lui l'homme qu'il avait toujours voulu être. Une mère enfermée pour toujours dans une dignité offensée, qui n'avait plus jamais voulu entendre parler des hommes, en tout cas pas de ceux qu'on accepte dans son lit et dans sa vie. Il vit peu ce père fantôme, il connut seulement quelques goûters d'anniversaire où il recevait des cadeaux dont le prix était proportionnellement inverse au temps qu'on lui consacrait, et quelques tristes week-ends à la fin desquels il se disait que ses demi-sœurs étaient mieux aimées. Ils ne partagèrent jamais le même quotidien. Du lent apprentissage de la vie d'homme sous le regard paternel et complice, il ne sut jamais rien. Comment se raser, comment inviter une élue à dîner, il avait fallu le découvrir seul. Dans son rapport avec les femmes, y compris la sienne, il lui en restait une tenace réticence aux effusions : de n'avoir jamais vu, chez lui, un homme témoigner de l'affection à sa mère l'empêchait pour toujours d'être expansif en public avec sa propre épouse.

Longtemps, avoir des enfants lui avait paru une incongruité. Comment donner ce qu'on n'a pas reçu ? Quand sa femme fut enceinte, ce fut une révolution : panique et supputation d'un invraisemblable bonheur en même temps – il fut empli de sentiments confus où dominait finalement l'anxiété de ne pas savoir faire face à cette situation inédite. En matière de paternité, il avait tout à inventer.

Avant la naissance, sa femme lui fit lire un livre dans lequel l'Écrivain racontait au présent, en phrases courtes et précises, son expérience émerveillée de père de deux petits garçons. C'était un livre sensible, juste et enthousiaste – de ceux qui, lorsqu'on les lit au bon moment, vous aident un peu à vivre. « Une enfance sans père, c'est comme un Noël sans cadeau », affirmait d'emblée l'Écrivain, et comment ne pas prendre pour soi cette certitude ?

Sans doute cette chronique contenait-elle pas mal de poncifs sur la paternité ; mais elle eut pour lui, le presque père, le charme si puissant de la voix d'autrui quand elle s'appelle écho. C'était un livre un peu bâclé, qui sentait le vieux contrat d'édition à honorer, au moment où l'à-valoir est probablement déjà dépensé depuis longtemps : une succession de paragraphes écrits le soir après que les enfants sont couchés, pour dire les mille bonheurs quotidiens d'un père de famille qui n'en est toujours pas revenu d'avoir deux « p'tits gars ».

Le livre fut lu, relu, commenté, annoté ; ils en parlaient le soir, avant d'éteindre la lumière. Ce fut, au vrai, leur viatique dans l'apprentissage de l'ascendance.

Évidemment, l'enfance de votre progéniture vous renvoie à la vôtre – c'est pour cela que, paradoxalement, on rajeunit en voyant grandir ses enfants. L'Écrivain ne dérogeait pas à la règle, qui revisitait son enfance pour la faire connaître, par bribes, à ses enfants, dans une tentative assez artificielle en somme pour jeter des ponts entre les générations et façonner davantage encore à sa semblance ceux qu'ils avaient engendrés. « L'enfance n'est jamais perdue, elle revient comme une marée » ; expliquait-il pour justifier son va-et-vient entre les époques. Peu importait qu'elle ait été heureuse ou non : ce qui comptait, c'est que ces souvenirs-là tiendraient lieu de jurisprudence pour légiférer sur l'enfance du bébé à venir.

Lorsqu'il apprit que l'enfant serait un garçon, il s'en réjouit secrètement, comme d'une revanche sur le destin : ce qu'il n'avait pu vivre avec son père, il le vivrait avec son fils. Alors que telle autre, qui avait perdu sa mère à l'âge de neuf ans, avouait dans un autre livre combien elle en avait voulu à son enfant de naître fille et de « lui imposer ce rapport qu'elle n'avait pas connu ». Mon Dieu, que c'était bête, cette remarque, comme s'il fallait rendre les enfants responsables des naufrages antérieurs de leurs parents !

La naissance approchait. Il se préoccupait toujours de savoir s'il serait capable d'être père tandis qu'elle, par les questions dont il l'assaillait, savait qu'il l'était déjà. Certains soirs, il relisait le chapitre du guide de la grossesse décrivant le développement du fœtus, et s'exclamait « Ça y est, ses poumons sont formés » ou encore « Tu te rends compte, il mesure au moins trente-cinq centimètres à présent ! ». Il se préoccupait autant de la santé de la mère que de celle de l'enfant – se sentant déjà, et pour toujours, responsable de cette nouvelle vie. Il se disait qu'il protégerait ce petit être, qu'il lui épargnerait surtout les trivialités d'un monde moderne dont il désapprouvait la plupart des progrès. Elle achetait des pyjamas blancs minuscules qu'il regardait avec méfiance en demandant : « Ils sont en coton, n'est-ce pas ? Je ne veux pas de matières synthétiques pour mon fils ! » Au cinéma, lorsque les balles de revolver ou les explosions provoquaient du vacarme dans la salle, il se rongeait d'inquiétude en songeant à ce que le petit pouvait en percevoir, là-bas, de l'autre côté de la paroi abdominale maternelle. Et, dans un geste magnifique, il posait sa veste sur le ventre rebondi pour étouffer le bruit. À cette sollicitude anxieuse qu'il manifestait envers son enfant, elle avait compris qu'il était déjà père. Mais elle sentait bien que sa certitude à elle pesait de peu de poids face à cette immense appréhension.

Puis vint la nuit où il fallut partir pour la clinique. Au moment où il installa sa femme dans la voiture, il se dit, paniqué, que non, décidément, il ne se sentait pas prêt ; neuf mois, c'était bien trop court pour s'habituer à cette idée insensée : il allait avoir un fils ! Mais quand bien même sa femme aurait vécu une gestation d'éléphante, quand bien même l'attente aurait duré vingt mois, il n'aurait pas été prêt : comment serait-on jamais prêt à accueillir l'Inconnu ? Malgré toutes ses lectures, malgré ses admonestations maladroites à cette bosse mouvante qui se promenait autour du nombril de sa femme, malgré ses innombrables plongées dans sa propre enfance, il était bien incapable de dire à quelle sauce la vie allait désormais le manger.

La description idyllique faite par l'Écrivain, qui racontait avoir bu du champagne dans des tasses de porcelaine bleue avec sa femme juste après la naissance, dans une chambre où s'accumulaient fleurs et télégrammes, ne correspondit en rien à ce qu'ils vécurent. Pour eux la nuit fut longue, l'accouchement difficile, l'angoisse ne se dissipant finalement qu'au matin.

L'enfant était là.

Pour lui, le choc fut violent. Il resta longtemps auprès du pédiadre qui vérifiait que tout allait bien chez le nouveau-né mais, n'ayant jamais vu de nourrisson auparavant, il trouvait celui-ci difforme, repoussant – en un mot, hideux. C'était donc lui, l'être auquel il comptait réclamer son avenir ? « Vous êtes sûr que tout est normal ? » répétait-il devant le petit corps tout froissé, muni d'une tête monstrueusement volumineuse, et d'un visage où l'on ne voyait d'abord que la mâchoire, si l'on pouvait appeler ainsi cette béance en quinconce située à mi-chemin du nez et du menton, séquelle provisoire mais impressionnante d'une naissance laborieuse – persuadé que les réponses rassurantes qu'on lui adressait étaient mensongères. Non, il ne croyait pas ce médecin qui lui disait en souriant que son fils était costaud, je vous assure, un bébé en pleine forme.

C'était donc ça, son enfant ! Il se sentait effroyablement déçu. Il avait imaginé des jeux, une franche complicité d'homme à homme, une camaraderie de tous les instants : comment appliquer ce rêve à une crevette de cinquante centimètres de long ? Il se sentait sans lien aucun avec ce corps minuscule que la sage-femme avait maintenant revêtu d'un pyjama. On le complimentait, « quatre kilos, c'est un bébé superbe ! », quand lui le trouvait chétif, n'osant même pas le prendre dans ses bras de peur de le briser. Même le prénom qu'ils avaient choisi après beaucoup d'hésitations lui semblait trop grand, trop solennel, trop conquérant pour ce petit être aux yeux invariablement clos. Son impatience, et surtout son ignorance, avaient créé un malentendu tel que nulle allégresse ne pouvait encore l'atteindre.

Les jours suivants, il vint, presque à contrecœur, voir sa femme à la maternité. Il jetait un coup d'œil timide au berceau, parlait de choses de peu, se sentait mal à l'aise dans cette chambre aux murs blancs, parmi ces tantes, ces amies venues s'extasier sur le nouveau-né. Puis il repartait dîner dehors, dans ces appartements où l'on fêtait le nouveau père à grandes rasades de champagne. « J'ai l'impression d'entrer dans un club dont je ne soupçonnais pas l'existence », déclara-t-il un matin en guise d'exégèse à ces soirées très arrosées – car ses amis, tous pères de famille depuis plusieurs années, s'étaient soudain mis à lui parler autrement, à lui raconter ces histoires de nuits blanches, de couches sales et de tricycles qu'ils avaient épargnées au célibataire d'autrefois. Tout cela était si nouveau, si étrange pour lui qu'il n'y eut pas de place, en ces journées-là, pour la joie.

Elle en revanche s'était sentie mère à la seconde même où elle avait rencontré le regard de son enfant, cet enfant qui écarquillait ses grands yeux stupéfaits après neuf mois d'obscurité. Non pas mère tout court, mais mère de cet enfant-là, et d'aucun autre. De l'instant où elle l'avait vu, elle avait su qu'ils étaient liés pour toujours. Elle avait même l'impression qu'il avait toujours été là, et ses traits avaient pour elle la familiarité de ces photos d'ancêtres qu'elle accrochait partout dans leur appartement. Tandis que lui, le nouveau père, n'arrivait pas à instaurer de rapport filial entre lui et cette chose. Aussi les félicitations qu'il recevait lui semblaient-elles incongrues ; on le congratulait d'être devenu père alors qu'il cherchait encore son fils. On lui avait dit avant la naissance : « Tu verras, tu le reconnaîtras tout de suite, cet enfant, tu sauras immédiatement qu'il n'est pas seulement de toi mais à toi. » Mais non, c'était faux, lui ne reconnaissait rien. Seul le bracelet en plastique au poignet du bébé disait l'appartenance du nouveau-né à son sang : on y lisait le même nom de famille. Au fond, il aurait voulu que le bébé ait déjà quatre ou cinq ans, qu'ils puissent rire et jouer ensemble. Au lieu de quoi, un têtard hurleur lui tenait lieu de descendance. Il ne parvenait pas à se projeter dans l'avenir, à imaginer en quoi les années transformeraient ce bébé.

Rien ne l'avait jamais autant déconcerté.

Le retour à la maison fut pénible. Il ne parvenait pas à s'habituer à cette présence nouvelle qui, toutes les trois heures environ, proclamait qu'elle avait faim. Il regardait sa femme cajoler l'enfant, le couvrir de baisers et de paroles tendres, et il désapprouvait en silence son comportement : il trouvait ses gestes impudiques, car ils lui rappelaient les effusions qu'elle épandait sur lui dans l'intimité amoureuse.

Pourtant, chaque soir, au retour du bureau, son premier regard était pour le bébé endormi dans le lit à barreaux. « Il a changé de tête, non ? » demandait-il tous les jours ou presque, sans parvenir à masquer un début de satisfaction.

Surtout, il s'était pour la première fois de sa vie mis à attendre l'avenir avec impatience, parce qu'il avait maintenant un fils avec qui le partager.

Mais comme elle était longue, cette attente ! Il rêvait du moment où son fils l'appellerait « Papa », comme une histoire qui se bouclerait sur elle-même, quand le têtard ne prononçait pas encore une syllabe. Il imaginait le jour où il lui apprendrait à distinguer les grands crus des vins qui ne méritaient pas ce nom, quand, dans sa propre cuisine, il découvrait l'existence d'un lait dit du premier âge et la subtile équation entre la quantité d'eau minérale et le nombre de cuillers de lait en poudre qu'on devait y ajouter. Il imaginait des rires partagés, des paris stupides sur un match de football, des rentrées des classes avec une petite main dans la sienne, des crises d'adolescence avec leur cortège de portes qui claquent et d'épithètes définitives, des réconciliations en forme de commentaires complices sur les jambes des filles, quand sa paternité se résumait à attendre que son fils « fasse ses nuits » – il avait découvert l'expression en même temps que son harassante réalité : être réveillé deux fois par nuit par les pleurs d'un bébé affamé. Le plus souvent – c'était à croire qu'il le faisait exprès – le tortionnaire réclamait sa pitance à peine quelques minutes après que ses parents se furent endormis. Il finissait par soupçonner ceux de ses amis qui lui avaient parlé de la béatitude postnatale, soit d'être les victimes d'une amnésie qui n'était rien d'autre que le premier stade du gâtisme, soit d'être les complices d'une conspiration du politiquement correct.

Comment l'attachement naquit-il ? Ce jour où le nourrisson âgé de trois semaines lui renvoya son sourire ? Lorsque, pour la première fois de sa vie penché sur le contenu des landaus croisés dans la rue – au risque d'ailleurs de passer pour un dangereux pédophile ! – il constata à haute voix que son enfant était plus beau que les autres ? Quand elle et lui prirent l'habitude de s'appeler mutuellement « Papa » et « Maman » devant le petit, usant de ces termes avec maladresse et ravissement ? Nul ne le sait, pas même lui sans doute. Mais on voyait bien, à la façon qu'il avait de se préoccuper de la courbe de poids, de sans cesse se replonger dans les conseils de tel ou tel ouvrage de pédiatrie, à sa manière d'échafauder chaque jour de nouvelles théories sur le sommeil des bébés ou les maladies infantiles, bref à la sollicitude bourrue qu'il témoignait à ce tout-petit, que la paternité avait pris possession de lui. Même, il commençait à penser avec pitié à ceux qui n'auraient jamais d'enfant, comme son collègue James, dont la femme n'arrivait pas à tomber enceinte en dépit de toutes leurs tentatives.

Sans doute en va-t-il de même pour les petites et pour les grandes personnes : le coup de foudre n'est pas obligatoire ; et les plus belles histoires d'amour commencent souvent par des rencontres ratées. L'enfant n'avait pas un an quand, un soir qu'il venait de donner longuement des conseils au téléphone à un futur père de ses amis, il regarda la mère de son fils avec tendresse et lui demanda en souriant – car les hommes sont aussi prompts à oublier leurs réticences d'autrefois que les femmes à admettre leurs torts :

— Dis-moi, quand est-ce qu'on met en route le prochain ?

Table des matières

Ce volume a été composé
par Firmin-Didot
et achevé d'imprimer en février 2003
par ***Bussière Camedan Imprimeries***
à Saint-Amand-Montrond (Cher)
pour le compte des éditions Lattès

N° d'Édition : 34054. – N° d'Impression : 030541/1.
Dépôt légal : février 2003.

Imprimé en France